—— 乡村振兴特色优势产业培育工程丛书 ——

中国杂交构树产业发展蓝皮书

（2023）

中国乡村发展志愿服务促进会 组织编写

中国出版集团
研究出版社

图书在版编目（CIP）数据

中国杂交构树产业发展蓝皮书. 2023 / 中国乡村发展志愿服务促进会组织编写. -- 北京 : 研究出版社，2024.7

ISBN 978-7-5199-1685-5

Ⅰ.①中… Ⅱ.①中… Ⅲ.①杂交种 – 构树 – 林业经济 – 产业发展 – 研究报告 – 中国 – 2023 Ⅳ.①F326.23

中国国家版本馆CIP数据核字 (2024) 第110919号

出 品 人：陈建军
出版统筹：丁　波
责任编辑：戴云波

中国杂交构树产业发展蓝皮书（2023）

ZHONGGUO ZAJIAO GOUSHU CHANYE FAZHAN LANPI SHU (2023)
中国乡村发展志愿服务促进会　组织编写
研究出版社 出版发行
（100006　北京市东城区灯市口大街100号华腾商务楼）
北京建宏印刷有限公司印刷　新华书店经销
2024年7月第1版　2024年7月第1次印刷
开本：710毫米×1000毫米　1/16　印张：10.75
字数：170千字
ISBN 978-7-5199-1685-5　定价：39.00元
电话（010）64217619　64217652（发行部）

乡村振兴特色优势产业培育工程丛书

编委会

本书编写人员

主　　编: 沈世华

副 主 编: 黎祖交　罗朝立　熊　伟

编写人员:（按姓氏笔画排序）

　　　　　刁其玉　王占彬　王芬芬　王品胜　王景升

　　　　　李晓琼　吴燕民　张海军　陈乃芝　倪奎奎

　　　　　屠　焰　董世平　熊先勤

本书评审专家

（按姓氏笔画排序）

　　王祖明　王瑞元　孙宝忠　张忠涛　金　旻

　　赵世华　相　海　饶国栋　裴　东

编写说明

习近平总书记十分关心乡村特色优势产业的发展，作出一系列重要指示。2022年7月，习近平总书记在新疆考察时指出，要加快经济高质量发展，培育壮大特色优势产业，增强吸纳就业能力。2022年10月，习近平总书记在陕西考察时强调，产业振兴是乡村振兴的重中之重，要坚持精准发力，立足特色资源，关注市场需求，发展优势产业，促进一二三产业融合发展，更多更好惠及农村农民。2023年4月，习近平总书记在广东考察时要求，发展特色产业是实现乡村振兴的重要途径，要着力做好"土特产"文章，以产业振兴促进乡村全面振兴。党的二十大报告指出，发展乡村特色产业，拓宽农民增收致富渠道。巩固拓展脱贫攻坚成果，增强脱贫地区和脱贫群众内生发展动力。

为贯彻落实习近平总书记的重要指示和党的二十大精神，围绕"国之大者"，按照确保重要农产品供给和树立大食物观的要求，中国乡村发展志愿服务促进会认真总结脱贫攻坚期间产业扶贫经验，启动实施"乡村特色优势产业培育工程"，选择油茶、核桃、油橄榄、杂交构树、酿酒葡萄、青藏高原青稞、牦牛、新疆南疆核桃、红枣9个特色优势产业进行重点培育。这9个产业，都事关国计民生，经过多年的努力特别是脱贫攻坚期间的工作，具备了加快发展的基础和条件，不失时机地促进实现高质量发展，不仅是必要的，而且是可行的。中国乡村发展志愿服务促进会动员和聚合社会力量，促进发展木本油料，向山地要油料，加快补齐粮棉油中"油"的短板，是国之大者。促进发展核桃、杂交构树等，向植物要蛋白，加快补齐肉蛋奶中"奶"的短板，是国之大者。发展青

1

藏高原青稞、牦牛和新疆南疆核桃、红枣，加快发展西北地区葡萄酒产业，是脱贫地区巩固拓展脱贫攻坚成果和实现乡村产业振兴的需要，也是实现农民特别是脱贫群众增收的重要措施。通过培育重点企业、强化科技支撑、扩大市场销售、对接金融资源、发布蓝皮书等工作，服务和促进9个特色优势产业加快发展，努力实现农民增收、企业盈利、消费者受益的目标。

发布蓝皮书是培育工程的一项重要内容，也是一项新的工作。旨在普及产业知识，记录产业发展轨迹，反映产业状况，推广良种良法，介绍全产业链开发的经验做法，对产业发展进行预测和展望。营造产业发展的良好社会氛围，加快实现高质量发展。2023年蓝皮书的出版发行，得到了社会各界的广泛认可，并被有关部门列入"乡村振兴好书荐读"书目。

2024年，为进一步提高蓝皮书的编撰质量，使其更具知识性、史料性、权威性，促进会提早着手、统筹谋划，统一编写思想和体例，提出数据采集要求，召开了编写提纲讨论会、编写调度会、专家评审研讨会等。经过半年多努力，现付梓面世。丛书的出版发行，得到了各方面的大力支持。我们诚挚感谢所有参加蓝皮书编写的人员及支持单位，感谢在百忙之中参加评审的专家，感谢为丛书出版提供支持的出版社和编辑。虽然是第二年编写蓝皮书，但因为对有些产业发展的最新数据掌握不全，加之水平有限，谬误在所难免，欢迎广大读者批评指正。

2024年4月23日，习近平总书记在重庆主持召开的新时代推动西部大开发座谈会上强调，要坚持把发展特色优势产业作为主攻方向，因地制宜发展新兴产业，加快西部地区产业转型升级。习近平总书记的重要指示，进一步坚定了我们继续编写特色产业蓝皮书的决心和信心。下一步，我们将认真学习贯彻习近平总书记重要指示精神，密切跟踪九大特色产业发展轨迹，关注分析国内外相关情况，加强编写队伍，争取把本丛书做精做好，做成品牌。

丛书编委会

2024年5月

代　序

乡村振兴特色优势产业培育工程实施方案

中国乡村发展志愿服务促进会

2022年7月11日

民族要复兴，乡村必振兴。脱贫攻坚任务胜利完成以后，"三农"工作重心历史性转到全面推进乡村振兴。为贯彻落实习近平总书记关于粮食安全的重要指示精神，落实《国家乡村振兴局 民政部关于印发〈社会组织助力乡村振兴专项行动方案〉的通知》（国乡振发〔2022〕5号）要求，中国乡村发展志愿服务促进会（以下简称促进会）认真总结脱贫攻坚期间产业扶贫经验，选择油茶、油橄榄、核桃、酿酒葡萄、杂交构树，青藏高原青稞、牦牛，新疆南疆核桃、红枣9个特色优势产业进行重点培育，编制《乡村振兴特色优势产业培育工程实施方案》（以下简称《实施方案》）。

一、总体要求

（一）指导思想

以习近平新时代中国特色社会主义思想为指导，全面贯彻习近平总书记关于"三农"工作的重要论述，立足新发展阶段，贯彻新发展理念，构建新发展格局，落实高质量发展要求。按照乡村要振兴、产业必先行的理念，坚持"大食物观"，立足不与粮争地，坚守18亿亩耕地红线，本着向山地要油料、向构树要蛋白的思路，加快补齐粮棉油中"油"的短板、肉蛋奶中"奶"的短板，持续推进乡村振兴特色优势产业培育工程。立足帮助优质农产品出村进城，不断丰富市民的"米袋子""菜篮子""果盘子""油瓶子"，鼓起脱贫地区人民群众的"钱袋子"。立足推动农业高质高效、乡村宜居宜业、农民富裕富足，为全面推进乡村振兴、加快农业农村现代化提供有力支撑。

（二）基本原则

——坚持政策引导，龙头带动。以政策支持为前提，积极为产业发展和参与企业争取政策支持。尊重市场规律，发挥市场主体作用，择优扶持龙头企业做大做强，充分发挥龙头企业的示范带动作用。

——坚持突出重点，分类实施。突出深度脱贫地区，遴选基础条件好、带动能力强的企业，进行重点培育。按照"分产业、分区域、分重点"原则，积极推进全产业链发展。

——坚持科技支撑，金融助力。加强对特色优势产业发展的科研攻关、科技赋能作用，促进科研成果及时转化。对接金融政策，促进企业不断增强研发能力、生产能力、销售能力。

——坚持行业指导，社会参与。充分发挥行业协会指导、沟通、协调、监督作用，帮助企业加快发展，实施行业规范自律。充分调动社会各方广泛参与，"各炒一盘菜，共办一桌席"，共同助力产业发展。

——坚持高质量发展，增收富民。坚持"绿水青山就是金山银山"理念，帮助企业转变生产方式，按照高质量发展要求，促进产业发展、企业增效、农民增收、生态增值。

（三）主要目标

对标对表国家"十四五"规划和2035年远景目标纲要，设定到2025年、2035年两个阶段目标。

——到2025年，布局特色优势产业培育工程，先行试点，以点带面，实现突破性进展，取得明显成效。完成9个特色优势产业种养适生区的划定，推广"良种良法"，建设一批生产基地。培育一批龙头企业、专业合作社和家庭农场等市场主体，建立重点帮扶企业库，发挥引领带动作用。聘请一批知名专家，建立专家库，做好科技支撑服务工作。培养一批生产、销售和管理人才，增强市场主体内生动力，促进形成联农带农富农的帮扶机制。

——到2035年，特色优势产业培育工程形成产业规模，实现高质量发展。品种和产品研发取得重大突破，拥有多个高产优质品种和市场占有率高的产品。种养规模与市场需求相适应，加工技术不断创新，产品质量明显提升，销售盈利能力不断拓展，品牌影响力明显增强。拥有一批品种和产品研发专家，一批产业发展领军人才和产业致富带头人，一批社会化服务专业人才。市场主体发展壮大，实现一批企业上市。联农带农富农帮扶机制更加稳固，为共同富裕添砖加瓦，作出积极贡献。

二、重点工作

围绕特色优势产业培育工程目标，以"培育重点企业、建立专家库、实施消费帮、搭建资金池、发布蓝皮书"为抓手，根据帮扶地区自然禀赋和产业基础条件，做好五项重点工作。

（一）培育重点企业

围绕中西部地区，特别是三区三州和乡村振兴重点帮扶县，按照全产业链发展的思路遴选一批产业基础好、发展潜力大、创新能力强的企业，建立重点帮扶企业库，作为重点进行培育。对有条件的龙头企业，按照上市公司要求和现代企业制度，从政策对接、金融支持、消费帮扶等方面进行重点培育，条件成熟的推荐上市。

（二）强化科技支撑

遴选一批品种研发、产品开发、技术推广、工艺研究等方面的专家，建立专家库，有针对性地对制约产业发展的"卡脖子"技术难题进行联合攻关。为企业量身研发、培育种子种苗，用"良种良法"助力企业扩大种养规模。加强产品研发攻关，提高产品品质和市场竞争力。充分发挥企业家在技术创新中的重要作用，鼓励企业加大研发投入，承接和转化科研单位研究成果，搞好技术设备更新改造，强化科技赋能作用。

（三）扩大市场销售

帮助企业进行帮扶产品认定认证，给帮扶地区产品提供"身份证"，引导销售。利用促进会"帮扶网""三馆一柜"等平台和载体，采取线上线下多种方式销售。通过专题研讨、案例推介等形式，开展活动营销。通过每年发布蓝皮书活动，帮助企业扩大影响，唱响品牌，进行品牌销售。

（四）对接金融资源

帮助企业对接国有金融机构、民营投资机构，引导多类资金对特色优势产业培育工程进行投资、贷款，支持发展。积极与有关产业资本合作，按照国家政策规定，推进设立特色优势产业发展基金，支持相关产业发展。利用国家有关上市绿色通道，帮扶企业上市融资。

（五）发布蓝皮书

组织专家编写分产业的特色优势产业发展蓝皮书。做好产业发展资料收集、整理、分析工作，加强国内外发展情况对比分析，在总结分析和深入研究的基础上，按照蓝皮书的基本要求组织编写，每年6月前对外发布上一年度产业发展蓝皮书。

三、保障措施

（一）组建项目组

促进会成立项目组，制定《实施方案》并组织实施。项目组动员组织专家、企业家和有关单位，分别成立9个项目工作组，制定产业发展实施方案并组织实施。做好产业发展年度总结，编写好分产业特色优势产业发展蓝皮书。

（二）争取政策支持

帮助重点龙头企业对接国家有关产业政策、产业发展项目。协调相关部门，加大帮扶工作力度，争取将脱贫地区重点龙头企业的产业发展规划纳入国家有关部门和有关地区的专项发展规划并给予支持。争取各类金融机构对重点帮扶龙头企业给予贷款、融资优惠，助力重点帮扶企业加快发展。

（三）坚持典型引领

选择一批资源禀赋好、发展潜力大、市场前景广的种养基地作为示范种养典型，选择一批加工能力精深、技术先进、效益良好的龙头企业作为产品加工示范典型，选择一批增收增效、联农带农富农机制好的市场主体作为联农带农富农典型。通过典型示范，引领特色优势产业培育工程加快发展。

（四）搞好社会动员

建立激励机制，让热心参与特色优势产业发展的单位和个人政治上有荣誉、事业上有发展、社会上受尊重、经济上有效益。加强宣传工作，充分运用电视、网络等多种媒体，加大舆论宣传推广力度，营造助力特色优势产业培育工程的良好社会氛围。招募志愿者，创造条件让志愿者积极参与特色优势产业培育工程。

（五）加强协调促进

充分利用促进会在脱贫攻坚阶段取得的产业发展经验和社会影响力，协调脱贫地区龙头企业对接产业政策，动员产业专家参与企业技术升级和产品研发，衔接金融资源帮助企业解决资金难题。发挥行业协会的积极作用，按照公开、透明、规范要求，帮助企业规范运行，自我约束，健康发展。

四、组织实施

（一）规范运行

在促进会的统一领导下，项目组和项目工作组根据职责分工，努力推进9个特色优势产业培育工程实施。项目组要根据产业特点组织制定专家库、重点帮扶企业库的建设与管理办法、产业发展培育项目管理办法，包括金融支持、消费帮扶、评估评价等办法，做好项目具体实施工作。

（二）宣传发动

以全媒体宣传为主，充分发挥新媒体优势，不断为特色优势产业培育工程实施营造良好的政策环境、舆论环境、市场环境，让企业家专心生产经营。宣传动员社会各方力量，为特色优势产业培育工程建言献策。

（三）评估评价

发动市场主体进行自我评价，通过第三方调查等办法进行社会评价。特色优势产业培育工程项目组组织有关专家、行业协会、企业代表，对9个特色优势产业发展情况、市场主体进行专项评价。在此基础上，进行评估评价，形成特色优势产业发展年度评价报告。

CONTENTS | 目录

第二章

杂交构树产业发展外部环境 / 039

第三章

杂交构树产业发展重点区域 / 063

第五章

杂交构树产业发展的代表性产品 / 103

第六章

杂交构树产业发展效益评价 / 117

第七章

杂交构树产业发展趋势与对策 / 127

绪　论

　　杂交构树是桑科构属多年生新饲草料品种，具有速生、丰产、蛋白高、营养丰富、耐刈割、抗病虫害、适应性强等特点，实践中易操作、见效快、可持续，在养殖业方面能提质、降本、增效。大力发展以高蛋白、种养循环、无抗养殖、食品安全为特征的杂交构树生态农牧产业，是破解我国农牧业"卡脖子"难题的有效途径、全面推进乡村振兴战略的重要抓手，对推动我国农业高质量发展、建设现代化畜牧业产业体系具有重要战略意义。

　　粮食是一个国家的特殊商品和战略物资，"手中有粮，心中不慌"。习近平总书记高度重视粮食安全问题，他强调，中国人的饭碗任何时候都要牢牢端在自己手上。进入21世纪，随着我国经济社会的快速发展，居民的膳食结构发生了巨大变化，主食口粮的消耗大幅下降，副食肉蛋奶等的消费量成倍增长。2023年，我国粮食产量6.9541亿吨（国家统计局数据），进口粮食总量为1.6196亿吨（海关总署发布的数据），对外依存率为18.89%。从消费结构看，主粮占粮食消费总量的1/3，而饲料粮占粮食消费总量的比重高达一半。因此，保障国家粮食安全，一定意义上就是保障我国足量、优质饲料的供给需求。从粮食安全标准看，我国人均粮食产量达493.3公斤，高于人均400公斤的国际粮食安全线。当前，顺应人民群众日益多元化的消费结构，让老百姓从"吃得饱、吃得好"向"吃得营养、吃得健康"方向转变，关键之一是解决优质蛋白质的摄入问题。植物和动物是膳食蛋白质的主要来源，如何破解蛋白质来源紧缺难题，是保持我国畜牧业健康稳健发展和确保粮食安全的当务之急。

　　针对我国蛋白质饲料短缺等重大需求问题，中国科学院植物研究所科技人员以我国起源的野生构树为研究对象，在全面收集构树种质基因资源基础上，系统开展对构树农艺性状形成分子机制的研究。通过杂交选育，结合现代生物技术培育出木本、高蛋白、功能型饲用杂交构树新品种。该品种在保留野生构树的优良特性，克服茎叶毛糙适口性差、鸟吃果实无序传播、根深破坏土层等不足外，还具有四大优势：一是生长快，产量高，条件好的地区亩产干枝叶可达2吨以上，而且一次栽种，多年受益，可连续收割15年以上。二是蛋白质含量高，干物质粗蛋白含量达20%以上，折算成净粗蛋白质，1亩杂交构树相当于7亩大豆的产量；氨基酸含量高且种类齐全，富含钙和磷等矿物质营养，适口性好，消化吸收率高。三是富含生物碱、果胶和生物活性物质，叶片类黄酮含量达5.38%，能显著提高动物免疫机能，增强机体抗病力，减少抗生素等药物的使用。四是耐抗性强、适应性强，能在极端最低气温-20℃、含盐碱6‰以下的我国暖温带及其以南地区种植。它不仅可作为高蛋白饲料的新来源，还是"四荒地"、矿山、废弃地等生态修复的好树种。各地生产实践结果表明，发展杂交构树"构-饲-畜"一体化生态农牧业，具有"一升二增三降"的效果："一升"，即提升品质，构饲（用杂交构树饲料养殖）猪肉肉质鲜嫩，蛋白质增加10%以上，脂肪降一半左右；构饲牛肉大理石花纹多，色泽好，蛋白质、必需氨基酸和风味氨基酸含量高，脂肪降低一半；构饲羊肉色泽鲜亮、肉质水嫩，DHA（俗称脑黄金）含量增加2倍，EPA（常称血管清道夫）含量增加1.6倍。构饲鸡蛋DHA含量高2.39倍，钙含量高7.36倍，而胆固醇含量仅为一半。"二增"，一是增强免疫力，喂养杂交构树发酵料的猪场很少发生非洲猪瘟；二是增加收益，种植杂交构树每亩增收2000元，养猪每头多赚1000元以上。"三降"，一是降低养殖成本20%以上；二是降低药物使用，实现无抗养殖；三是降低面源污染，粪便减少，臭味大大降低。综上所述，杂交构树"以树代粮、种养循环"模式，可有效缓解畜牧业"蛋白总量不足、食品安全堪忧、粪便面源污染"三大瓶颈，是破解我国蛋白质饲料"卡脖子"难题的新途径。同时，种植杂交构树见效快、收益高，当年种植当年见效，每亩收入3000元以上，如加工成饲料发展养殖，其产值可达数万元，是致富增收的好产业。

　　2014年12月，国务院扶贫开发领导小组将杂交构树产业确定为精准扶贫十项工程之一。截至2020年底，全国累计种植杂交构树突破100万亩，试点县达200多个，参与的企业及合作社有600多家，增收致富成效显著，为打赢脱贫攻坚战作出了积极贡献。尤其在种苗繁育、采收加工、种养结合、产品开发等板块表现突出，主要有4个方面：一是产业技术体系完整。在生产上采用种源良种化、繁育工厂化、种植标准化、采加机械化、养殖科学化的"五化"技术路线。在产品方面杂交构树可以加工成鲜绿料、发酵料、粉末料、颗粒料等，配制畜禽无抗全价饲料，用于生态健康养殖。还可用作食用菌基料，养殖高档菌菇。同时，开发出养生茶、保健菜、叶粉面等一系列健康饮品、食品。二是政策支持体系落地。2015年以来，国家相关部委和单位先后出台了13个关于发展杂交构树产业扶贫的政策文件。如农业农村部将构树列入国家饲料原料目录，国务院办公厅明确提出杂交构树为"健全饲草料供应体系"新饲草料资源；国务院扶贫办、自然资源部、农业农村部联合发文，允许在一般耕地上种植杂交构树生产饲料；农业农村部将杂交构树纳入"十四五"饲草千亿级产业区域特色饲草品种，加快我国现代畜牧业生产体系建设。三是科技赋能有力。中国科学院植物研究所建立了杂交构树良种良法体系，开发了"叶培2.0"高效组培育苗技术，制定了丰产栽培技术指南。中国农业大学牵头编制并发布了杂交构树饲草加工与养殖畜禽水产等14个团体标准，使产业发展有可遵循的蓝本。中国科学院植物研究所牵头正在实施科技部国家重点研发计划《杂交构树产业关键技术集成研究与应用示范》项目，加大研发力度，强化科技支撑。四是持续宏观支持。为做好巩固脱贫攻坚成果与乡村振兴的有效衔接，2021年国家乡村振兴局委托中投咨询有限公司开展"构树扶贫工程专项评价"，委托中科院植物所开展"构树扶贫工程总结"，组织北京能环科技发展中心开展由亚洲开发银行资助的"黄河流域杂交构树生态农牧业环境可持续发展战略研究"等，助力杂交构树产业高质量发展。

　　粮食安全，"国之大者"。习近平总书记深刻指出："现在讲粮食安全，实际上是食物安全。……树立大农业观、大食物观，向耕地草原森林海洋、向植物动物微生物要热量、要蛋白，全方位多途径开发食物资源。"为此，全国政协委员、全国政协农业和农村委员会副主任刘永富建议：一是向山上要油料，二是向构树要蛋白。杂交构树是进口蛋白饲料的理想替代品，是减抗饲料，发展畜牧业、振兴奶业，必须解决蛋白饲料问题，建议采取措施发展杂交构树饲料。为贯彻落实习近平总书记关于粮食安全、发展特色优势产业的重要指示精神，围绕我国粮食安全和重要农产品供给，巩固脱贫攻坚成果，全面推进乡村振兴战略，2022年6月，中国乡村发展志愿服务促进会决定实施"乡村振兴特色优势产业培育工程"，杂交构树产业被纳入9个项目之列。在农业农村部、国家乡村振兴局领导下，成立专班工作组、制定实施方案、建立专家库、培育龙头企业，实施消费帮扶，搭建资金池，发布蓝皮书等，统筹协调各方资源，促进特色优势产业取得突破性、实质性进展。杂交构树产业将以此为契机，在前期良好的基础上，通过统筹夯实杂交构树全产业链的科技创新，强化科技支撑服务体系，加大产业部门的协同互动和政策支持力度，重点实施"构–饲–畜"一体化产业，推动我国畜牧业高质量发展，助力乡村振兴国家战略。

针对杂交构树产业从打赢脱贫攻坚转向巩固拓展脱贫攻坚成果与推进乡村全面振兴战略的新局面，2023年，业内人士经过深研细究，提出"以销带产、以养促种"的市场化发展道路，有关杂交构树的育苗种植、青贮发酵、烘干制粒、饲料生产、畜禽养殖、食品加工、市场销售、品牌建设等环节得到稳步发展。但多数企业为全产业链经营，处于小微弱散状态。受养殖业"猪周期"影响，以及耕地"非农、非粮"管控，虽然发酵饲料生产兴旺，养殖畜产品畅销，整体来看杂交构树种苗仍然市场低迷，种植面积增加缓慢，2023年，中国乡村发展志愿服务促进会成立由专家、企业家等构成的杂交构树产业工作组，组织编写《杂交构树产业发展蓝皮书》，举办"首届杂交构树产业发展论坛"，召集20多家企业参加首届中国乡村振兴特色优势产业峰会产品展销会；倡议并指导10家杂交构树种养小微企业成立股份制销售平台公司，通过线下专卖店直销、网络直播带货等途径，杂交构树畜产品优质高价销售初见成效。为加快杂交构树产业做大做强，创新产业发展新业态，一家杂交构树企业尝试与金融投资企业合作，完成A轮融资。面对杂交构树产业高质量发展对科技的需求，印遇龙院士带专家在重庆市荣昌区深入调研后，将杂交构树"以树代粮、种养结合"纳入国家生猪技术创新中心种养循环先导专项研究内容；"黄河流域杂交构树生态农牧业环境可持续发展战略研究"专家团队前往山东省宁阳县、河南省兰考县、山西省蒲县等地调研，圆满完成项目各项任务，得到资助方亚洲开发银行的高度评价，并建议杂交构树生态农牧业项目向"一带一路"国家推广；依托科技部重点研发计划"杂交构树产业关键技术集成研究与应用示范"项目，科技人员通过2年来的攻关创新，从上游的杂交构树耐寒高产品种培育、高效种苗繁育，到中游大田优质丰产种植，再到下游收获烘干农机等层面取得突破性成果，为打通全产业链过程中的瓶颈难题，为杂交构树产业提质增值提供了有力保障。蓝皮书对指导产业发展和推动科技进步具有重要意义。在中国乡村发展志愿服务促进会领导的关心和指导下，2023年6月蓝皮书团队成功发表首部《中国杂交构树产业发展蓝皮书（2022）》。为持续做好蓝皮书的编写，2023年10月，中国乡村发展志愿服务促进会成立《中国杂交构树产业发展蓝皮书（2023）》编写组。编写组由沈世华研究员牵头，成员共34人，其中来自科研院所、高校、农林系统专家17人，企业人员17人，涵盖杂交构树育种、繁苗、种植、饲料、养殖、农机、销售等领域，涉及一二三产业。编写组成员经过实地调研、问卷调查、电话问询、文献查阅、数据分析等环节，并召开3次专题研讨会，编写了《中国杂交构树产业发展蓝皮书（2023）》。

本书分为七章，除绪论外还有杂交构树产业发展基本情况、杂交构树产业发展外部环境、杂交构树产业发展重点区域、杂交构树产业发展重点企业、杂交构树产业发展的代表性产品、杂交构树产业发展效益评价、杂交构树产业发展趋势与对策等部分。从杂交构树产业背景到产业发展的现状进行多个层面叙述，同时介绍了2023年杂交构树产业科技创新、产品开发、模式构建等方面的进展，分析了杂交构树产业发展前景和面临的挑战，并提出相应的意见和建议。

第一章

杂交构树产业发展基本情况

目前，杂交构树产业主要推行杂交构树"以树代粮、种养结合""构—饲—畜"一体化生态农牧业循环经济模式，即以高蛋白"科构101"新品种生产高品质饲料和畜产品，打造科技扶贫特色有机品牌的"三品"战略思路，采用种源良种化、繁育工厂化、种植标准化、采加机械化、养殖科学化的"五化"技术路线，通过组培快繁育苗，种植饲料，采收青贮加工，做蛋白原料添加，生产全价饲料，发展减抗或无抗养殖，生产优质安全健康肉蛋奶，同时粪便加工有机肥，或沼气化变成燃能或发电，沼液做有机肥，回到杂交构树大田，形成"育—种—采—加—养—沼—肥—电"可持续、生态、健康、有机闭环产业链，既发展了农业生产，让农民脱贫增收，又保住了生态，美化了环境，实现"生产、生活、生态"的有机融合。

第一节　种苗产业情况

一、品种繁育特性

杂交构树"科构101"树种为单性雌株，败育，不能形成种子，无性繁殖，在自然条件下萌生根蘖，繁殖扩大种群，繁殖速度有限。由于是木本植物，早期尝试扦插、压条、嫁接等多种传统育苗方法，由于速生杂交构树类似于泡桐，生长快、茎干中空、木质化低，这些育苗手段都不能大量、快速、无毒获得优质克隆苗。

组培苗是利用植物细胞全能性原理，通过组织、细胞培养再生的与母体遗传相同的新植株，是典型的克隆苗。杂交构树组培快繁是选生长健康、强壮植株的顶芽做外植体，表面消毒后剥取茎尖，经过病毒杀灭培养后得到无菌无毒苗。全过程在组培室内无菌操作、人工固定光照和温度下培养，试管苗无毒无菌，遗传稳定，整齐一致，同时，不受季节、天气影响，可全年无休大量生产。

种植杂交构树组培苗相对于扦插苗具有成活率高、生长快、产量高、品质好、周期长等特点。主要区别：

1. 扦插苗成活率低，条件差的地方甚至全军覆没。

2. 扦插苗产量低，同等种植密度情况下，不及组培苗一半的产量或更低。

3. 扦插苗饲用品质差，蛋白质含量低于15%，比组培苗少20%以上。

4. 扦插苗萌生能力弱，收割后只长几株，组培苗能长几十株。

5. 扦插苗不耐刈割、寿命短，一般情况下5年左右，组培苗可连续收割15—20年。

6. 扦插苗取大田苗圃的枝条扦插，容易传播病虫害，组培苗为洁净组培室脱毒无菌生产，不带病虫害。

7. 扦插苗种植密度大、种植成本高，每亩种植1500株左右，有的甚至达3000株；组培苗在条件好的区域每亩种植800株左右，条件差的地方每亩种植1000株左右。

8. 扦插苗收入低甚至颗粒无收，多地出现坑农害农现象；组培苗当年种植，当年见效，第二年能亩产8吨左右，产值达3000元以上，能实现快速脱贫致富。

二、组培育苗技术

组织培养技术是在植物生产中得到最广泛应用和产生较大经济效益的一项生物技术，也是快速繁殖植物新品种的最重要的方法。杂交构树脱毒复壮与组织培养无性系建立，以及工厂化组培生产是快速繁育优良苗木的捷径，能优质大量繁育杂交构树种苗，满足杂交构树产业化推广种植的需求。主要操作步骤如下：

（一）外植体培养

第一阶段的培养主要为获得无菌外植体，建立无菌培养体系，控制达到无菌条件，以有利于植物材料的生产，获得器官，此为整个培养过程的至关重要的一步。

取健康饱满杂交构树冬芽，用70%的乙醇表面消毒1分钟，再用0.1%的升汞消毒10分钟，灭菌蒸馏水洗三次，每次10分钟。然后，将消毒的冬芽接种到冬芽培养基上，置于光照培养箱中，在温度为25℃±2℃、光照强度为$90\mu Mm^{-2}s^{-1}$条件下培养，光照时间为12小时。诱导培养基为含有生长素、细胞分裂素和赤霉素的MS蔗糖琼脂培养基。

（二）不定芽分化及继代培养

第二阶段进行增殖，不断分化产生新的芽体，也可根据需要不断反复继代。将萌发的小苗剪成5~10mm长短的带叶茎段，接种在不定芽分化和继代培养基中，在温度为25℃±2℃、光照时间为14小时、光照强度为$100\mu Mm^{-2}s^{-1}$条件下培养。培养基为高细胞分裂素、低生长素MS蔗糖琼脂培养基。按此方法每个月继代培养，分化频率为100%，每个芽的年增殖系数理论上为1.6×10^{7}以上。

在继代培养中，昼夜温变（20℃~26℃）条件下培养效果更好。温度过低会出现叶色变黄、叶片脱落等现象。温度过高则很容易出现玻璃苗。此外，因为杂交构树继代培养是很复杂的生理过程，培养条件不能固定不变，在生长培养中所需的生长素和细胞分裂素浓度会产生变异，要做及时的调整，或建立新的无菌体系。除生长调节物质外，还需要其他条件的调整，才能使继代培养按生产计划进行。

（三）不定根诱导

选取生长健壮、高度为1.5~3.0cm的无根苗，转接到生根培养基中，置于光照培养箱中，在温度为25℃±2℃、光照时间为10小时、光照强度为$110\mu Mm^{-2}s^{-1}$条件下培养。培养10天左右，小苗基部长出3条以上的不定根，生根诱导频率为90%以上。将生根苗再培养1周后，使根和苗生长得更加粗壮，即可出瓶炼苗。不同的激素浓度决定生根的频率和不定根数量以及质量，高生长素和低细胞分裂素的培养基有较好效果。

（四）试管苗驯化炼苗

将获得的再生小苗从生根培养基中取出，用自来水洗去再生小苗的培养基。然后，将小苗移栽至装有按1:1混合的草炭土和蛭石的塑料小盆中，将其转移至温室中，前1～2周覆盖地膜，保持温室的光照强度为$200\mu Mm^{-2}s^{-1}$，气温为20～28℃，相对湿度为70%～100%，成活率为90%以上。2～3周长出新根和新梢，苗高为20～30cm时，即可移栽到室外耕地上，其成活率几乎为100%（图1-1）。

a：继代培养 　　　　　　b：诱导生根

c：温室炼苗 　　　　　　d：组培无纺布容器苗

图1-1　杂交构树组培育苗

三、种苗生产情况

　　杂交构树"科构101"系中国科学院植物研究所经过多年潜心研究、培育出的优良新品种，并以该品种及相应的产业化技术参与国务院扶贫办十大精准扶贫工程之一的"构树扶贫工程"。2018年4月，根据国务院扶贫办杂交构树扶贫工程的战略部署，在中国科学院的指导下，由中国科学院植物研究所牵头成立了中科创构（北京）科技有限公司，隶属中国科学院植物研究所，为混合所有制企业，负责全国杂交构树组培苗的繁育和管理。

脱贫攻坚结束后，该公司接续开展杂交构树种苗服务，2021年参与科技部重点研发计划"杂交构树产业关键技术集成研究与应用示范"项目，承担了杂交构树组培苗高效繁育体系建设任务，完成改扩建年产1200万株以上的生产线，2023年10月通过专家组验收。结合与其他组培育苗企业的合作，可以保障现有用苗的需求。

另外，脱贫攻坚早期全国共有10多家杂交构树组培育苗企业，为扶贫用苗保障作出了积极贡献。由于受三年疫情、"猪周期"对养殖行业的影响，以及国家"非农、非粮"土地政策的限制，近几年来杂交构树的种植面积大大减少，对种苗的需求一直处于低迷状态，大多数组培育苗企业已关闭或转产。目前，还有几家自繁自用的全产业链企业在生产，如大连中植环境生物科技有限公司、贵州务川科华生物科技有限公司、河南盛华春生物科技有限公司等，但产量、市场销售量很少。

第二节　种植产业情况

一、种植区域分布

杂交构树有较强的适应性，可在年极端低温-20℃、年降雨300毫米、含盐量6‰以下环境中原土种植，在有灌溉条件的甘肃河西走廊、新疆南疆以及西藏海拔3000米以下的河谷平川也可人工栽种。杂交构树最大的限制因素是冬季极端最低气温和有效生长积温，决定其是否能越冬和种植成败，土壤肥力、水分和盐碱等因子则在一定程度上可以人为干预和调节，满足杂交构树生长的需要。按照气温带来划分，我国暖温带为杂交构树种植的极限分布区，亚热带为良好分布区，热带为最佳分布区。

根据温、光、水、肥等自然禀赋和农牧产业及社会经济等因素，目前，杂交构树种植和养殖发展的区域，主要分布在我国中原地区、西南地区和中部地区，呈零星散落状态。

二、建园种植规程

（一）整地

种植前需要对土地进行深翻，深度不低于40厘米，清除杂草，并用旋耕机耙细、整平土壤，不得有大沟。深翻的时候结合施肥，一般底肥（复合肥）施用量为20千克/亩，可根据自身情况酌情加减用量，提高土壤肥力。田间起垄，杂交构树采用在垄上错株种植的方法。宽窄行，窄行0.9厘米，宽行1.1厘米，株距均为0.65厘米。

（二）覆膜

选用幅宽为100~120厘米、厚度大于0.01毫米的聚乙烯农用薄膜。覆盖后地膜平展紧贴地面，同时膜边要斜插入土约5厘米，以土封严压实。膜两侧连续覆土，膜上每隔4~5米压上土埂。膜下土地略高于膜间土地约5厘米，两膜间土地平整。

（三）定植

我国北方地区杂交构树的种植时间一般为4月下旬到5月上旬。收到幼苗后需要尽快种植，一般来说苗木在筐中摆放时间不能超过5天，不能及时种植的幼苗需要及时洒水降温，防止幼苗水分流失严重，影响种植成活率。从筐中拿苗出来，不能用手提苗，一定要拿苗下部分的营养杯，避免拉伤苗木，降低成活率。种植前，苗木营养杯要浇水完全浸湿，苗木种到地里时营养杯要保持湿透。杂交构树种植采取先覆地膜后栽植方式，幼苗按预定垄距进行种植，每亩种植1000株左右，栽种于地膜内（每行膜平行错株种植两行构树）。栽种深度大于15厘米，周边培土充足，根系要完全被土覆盖（图1-2）。苗木直立，每穴1株，无遗漏空穴；后期要观察幼苗的成活情况，发现有死亡的立刻进行补种。苗木种到地里立刻浇定根水，水要浇足浇透，土壤含水量不低于15%（用眼观察土壤颜色深而发暗，手捏成团，抛之破碎，手上留有湿印），浇定根水是保证幼苗成活率的关键。

（四）病虫害防治

杂交构树生长受杂草影响较为严重，需要及时观察情况，进行人工除草，防止影响幼苗生长，尤其苗周围不能有杂草。杂交构树病虫害较少，但仍需要多观察，一旦有病虫害及时选用物理或化学方法治理。

（五）刈割收获

采收时间一般根据杂交构树生长高度确定，一般在生长到1.0~1.5米高时进行采收。采收高度离地面20~30厘米，否则会影响下一茬构树的生长。采收方向一致，即每次采收机械行驶方向和上次采收方向一致的原则，且不要轧苗、不拔根、不劈茎。最晚一次采收时间在9月初之前完成最佳。

a：人工种植　　　　　　　　　　　　b：插秧机种植

图1-2　杂交构树田间定植

（六）肥水管理

根据当地降雨及土地墒情定浇水频次和程度，一般在春季和最后一次采收后适量浇水（解冻水和封冻水）有助于构树的生长；生长期内按实际需求对苗木进行水肥供给。杂交构树比较耐旱，在雨水充沛的季节，完全可以不用人工浇水；如果当年雨水较少，需要及时观察土壤状况，根部土壤颜色发浅的时候需要及时浇水。施肥可与浇水同时进行，春夏季以氮肥为主，最后一次采收前后应多施钾肥。在考虑经济效益和土壤可持续发展的前提下，氮肥减量配合施用生物炭、有机肥，可以最大程度促进杂交构树生长，使构树品质更好。

三、建园农机具

杂交构树饲用建园使用的农机具种类主要包括土地耕作、覆膜、树苗移植、田间管理(施肥、除草、植保喷药)、收获、加工环节的农用机械,其操作规程如下。

1. 农机具的选择与准备:根据杂交构树饲用建园的规模和作业需求,选择适合的农机具,并确保其处于良好的工作状态。需进行必要的维护和检查,包括清洁、润滑、紧固等。

2. 安全操作:操作农机具时,务必佩戴适当的个人防护装备,如安全帽、手套等。遵守农机具的操作手册和安全规定,注意避免碰撞、倾覆等危险情况。

3. 土壤准备:使用耕土机或旋耕机等机具,进行适当的土壤耕作,松土、平整土地,为杂交构树种植创造良好的土壤条件。

4. 种植作业:根据杂交构树种植的要求,使用移栽机等进行种植作业。注意种植的深度、株距和行距,确保植株的正常生长。

5. 施肥与灌溉:使用施肥机进行施肥,根据土壤肥力和植株需求,合理控制施肥量和施肥时间。同时,根据气候和土壤墒情,进行适时的灌溉,保持土壤湿润。

6. 中耕与除草:使用中耕机进行中耕作业,松土除草,促进植株根系发育。定期除草,保持园区整洁。

7. 病虫害防治:根据病虫害的发生情况,选择合适的植保机具进行防治,如喷雾器等。按照农药使用说明进行正确的施药操作。

8. 农机具保养:定期对农机具进行保养和维护,包括清洁、检查、更换易损件等,确保其性能良好和安全可靠。

9. 操作员培训:确保操作员熟悉农机具的操作方法和安全注意事项,进行必要的培训和指导。

以上是杂交构树饲用建园农机具操作规程的一些要点,但具体的规程可能会因农机具类型、地区差异和种植要求而有所不同。在实际操作中,还应根据当地的实际情况和专业人士的建议，制定适合的操作规程，并严格遵守相关的安全和质量标准。同时，应及时关注和学习新的杂交构树种植技术和农机具操作技巧，不断提升农业生产的效率和质量。

四、种植生产模式

杂交构树饲用种植生产模式主要分为农户自种模式、公司+农户模式及政府+公司+农户模式等，以上三种模式能迅速盘活农村土地和劳动力资源，将闲置资源变废为宝。种植杂交构树具有快速修复与绿化土地的作用，不仅涵养水源，而且能大大增加农村植被覆盖面积。

（一）农户自种模式

农户自种模式是指农户自己投资种植杂交构树，并将收获的杂交构树枝叶用于饲养自家牲畜或对外销售的模式。这种模式投入相对较小，风险较低，但规模化程度不高，产量和效益也相对较低。具体操作：

农户根据自己的土地面积和饲养需求，确定杂交构树种植面积。农户自行购买杂交构树苗木、肥料、农药等生产资料，进行杂交构树种植。农户在杂交构树生长过程中进行田间管理，包括除草、施肥、灌溉、病虫害防治等。杂交构树长成后，农户可根据需要进行收获，将枝叶用于饲养自家牲畜或对外销售。

（二）公司+农户模式

公司+农户模式是指由公司提供杂交构树苗木、技术指导、收购保障等，农户进行杂交构树种植和管理，并将收获的枝叶卖给公司的一种合作模式。这种模式能够有效发挥公司和农户各自的优势，实现优势互补，促进杂交构树种植产业的规模化、标准化发展。具体操作：

公司与农户签订杂交构树种植合同，明确双方的权利和义务。公司为农户提供优质杂交构树苗木和种植技术指导，并约定收购价格。农户按照公司要求和技术规程进行杂交构树种植和田间管理。

杂交构树长成后，农户按照合同约定将枝叶收获后卖给公司。公司根据质量和数量进行统一收购。公司将收购的杂交构树枝叶进行加工处理，制成饲料产品进行销售。

公司+农户模式通过合同订单的方式保障了农户的种植利益，同时也为公司提供了稳定的原料供应，有利于整个产业链的健康稳定发展。但这种模式对公司的组织管理能力和资金实力要求较高，前期需要大量投入，风险相对较大。

（三）政府+公司+农户模式

政府和龙头企业集中连片地整合乡村闲置资源，统一指导农民进行杂交构树规模化种植、统一进行杂交构树鲜枝叶定点回收，产量和质量均较为稳定。该模式可为农民带来稳定的就业与增收，有利于农民回到乡村依托种养循环绿色农牧业的生产与生活。

第三节　饲草料产业情况

一、饲草料类型与饲用价值

对于家畜饲养，杂交构树有三种利用方式用于畜禽及水产养殖，分别为直接饲用青绿料、制作叶粉干料、青贮发酵。

（一）青绿料直接饲用

杂交构树是一种可鲜饲家畜的高蛋白粗饲料。我国自古以来就有《农桑经》等书籍对构树鲜饲家畜的记载。新鲜的杂交构树宜在株高80~120厘米时收割以保留其最大养分，旺盛生长时间可以在150厘米左右收割，留茬高度15~20厘米。对于牛羊反刍动物而言，用铡草机将新鲜收割的杂交构树铡成3~5厘米的长度，而后直接进行饲喂，最大饲喂量可占日粮摄入量的一半以上。杂交构树的粗蛋白含量较高，尤其是叶片和全株嫩苗、细枝条，是较好的饲料原料，其干物质（DM）、粗蛋白（CP）和有机物（OM）的瘤胃降解率较高，其粗蛋白、有机物、中性洗涤纤维（NDF）、酸性洗涤纤维（ADF）含量与其48小时的干物质瘤胃降解率有显著相关性，可将其叶片、全株嫩苗、枝条作为蛋白质饲料应用在草食动物日粮中。

针对不同品种、不同生理阶段、不同生产目的的畜禽，杂交构树的加工和利用方式有所不同。将鲜嫩构树枝叶直接喂饲动物，需要经过初加工，如切碎或打浆，与其他饲料混合均匀后喂饲，从少到多逐渐增加使用量，让畜禽有一个适应过程。研究表明，杂交构树鲜叶搭配部分精料直接饲喂猪等家畜有较好的效果。因此，开发利用杂交构树资源需要采用正确的方式，合理的加工有助于细胞壁破裂，释放其中的营养素，提高消化率。

（二）杂交构树叶粉干料

杂交构树速生、丰产、多抗、耐砍伐，收割率高，将杂交构树在夏、秋季的枝叶丰富、高产时节，并且质和量达到相对平衡的时期进行采收，新鲜采收的构树叶连同嫩枝在晴天时直接自然风干或通过人工干燥的方式制成能够长时间储存的粉末状的杂交构树草粉（叶粉、全株粉）、干草或颗粒饲料。根据国家标准委全国团体标准信息平台于2019年1月30日公布的杂交构树饲料加工团体标准《构树干草调制技术规程》，杂交构树可于收获后在田间摊晒均匀，进行自然晾晒，水分晾晒至16%以下，即达干燥可贮藏程度，或在干燥室内通过50~70℃或120~150℃的热空气进行人工干燥，干燥后的构树可制作干草或干粉。杂交构树叶粉作为非常规动物饲料饲喂给动物，日粮中添加比例适当，可提高饲料资源利用率，不仅可为家畜提供优质的蛋白，还可降低饲料中主粮原料所占的比重，缓解因粮食短缺而造成的原料价格上涨压力，有效控制养殖成本、提高养殖效益。

（三）杂交构树青贮发酵

反刍动物能够有效利用青粗饲料，包括青贮饲料，杂交构树枝叶可以制作青贮发酵料，作为牛羊的全混合日粮的组成部分。饲草在田间刈割堆放易造成养分流失，将其进行青贮制作不但能延长青绿饲料的保存时间，同时还能够软化杂交构树的木质素和纤维，有利于畜禽吸收利用。然而青贮饲料主要依靠乳酸菌发酵制成，乳酸菌是依靠植物糖分的厌氧菌，因此青贮原料中需要具有最低需要的含糖量，一般要求青贮原料中糖含量至少为鲜重的1%~1.5%。杂交构树水分高、含糖量低，可添加玉米粉、糖蜜或者红糖补充含糖量。在收获后可运用混贮或青贮添加剂,如生物发酵技术和酶工程技术进行青贮发酵,进而改善动物对其的消化吸收,提高饲用价值,推动杂交构树青贮的应用。待杂交构树苗长至株高150厘米左右收割,留茬高度10厘米以上,根据《构树青贮技术规程》,杂交构树青贮收获的原料应及时切碎,从原料收获、切碎到入窖或裹包不超过6小时,原料切碎为1~2厘米后压实、密闭保存青贮。可采用普通青贮或裹包青贮方式,也可添加适宜的青贮接种剂等产品。窖储装填或裹包前原料含水率以60%~75%为宜。青贮30天以上可饲喂,饲喂前应抽取样品进行感官评定,无发霉变质的青贮饲料方可使用。

混贮可使青贮营养含量均衡,改善青贮饲料的发酵质量。将杂交构树与其他饲草根据适宜比例进行混合制作青贮。朱琳研究发现,将菠萝皮与杂交构树混合青贮,能改善杂交构树因为缓冲能高和可溶性糖含量少造成的发酵品质不佳的情况,20%菠萝皮添加效果最好,能使混合青贮中氨态氮含量和pH降低,乳酸含量增加。吴璇等将杂交构树、玉米秸秆、燕麦青干草3种饲草进行混合青贮,混合饲草具有更低的pH和氨态氮含量以及更高的乳酸含量和纤维降解率。由于构树中蛋白质含量高,缓冲能也高,会导致青贮发酵质量不佳,而较高的可溶性糖含量是解决缓冲能高的方法之一,因此在制作构树青贮时,会选取一些可溶性糖含量高的禾本科牧草、饲料作物等进行混合青贮,以提高青贮发酵的品质。付锦涛等将杂交构树和稻草按不同比例调制混合青贮饲料,发现杂交构树与稻草混合比例为9:1,青贮的乳酸含量高于其他处理组,其青贮品质最好。郑玉龙等选用含水量70%的木本饲料(杂交构树和饲料桑)与燕麦进行混合青贮,相比于单独青贮,混合青贮中的pH、氨态氮含量和纤维含量降低,粗蛋白含量增加,当燕麦和杂交构树以1:5、燕麦和饲料桑以1:1的比例混合时,青贮质量最好。

a：青绿料　　　　　　　　　　b：青贮果包

c：干料　　　　　　　　　　d：颗粒料

图1-3　杂交构树饲料原料

二、饲草料生产与市场优势

2023年我国养殖业消耗的蛋白总量8145万吨（2022年7900万吨），国内来源4442万吨、占54.5%（2022年4243万吨、占53.7%），进口来源3703万吨、占45.5%（2022年3657万吨、占46.3%），蛋白饲料缺乏的形势依然严峻。2018年以来，农业农村部深入实施饲用豆粕减量替代行动，聚焦"提效节粮、开源替代"，在需求端压减豆粕用量，在供给端增加替代资源供应，供需两端同向发力促节粮。2023年，农业农村部制定印发了《饲用豆粕减量替代三年行动方案》，在饲料和养殖行业全面实施提效、开源、调结构的技术措施，大力推广低蛋白日粮技术，充分挖掘利用国内可用蛋白饲料资源，想方设法增加优质饲草供应。研究实践证明，杂交构树不仅是目前单产蛋白质最高的饲用作物（"科构101"在温带地区每年采收2~4次，亩产鲜枝叶5吨左右；亚热带地区每年采收4~6次，亩产8吨左右；热带地区每年采收6~8次，亩产高达10多吨），而且在改善畜产品品质、改善肠道健康等方面具有明显的优势,杂交构树在目前我国畜牧业蛋白饲料替代和降本增效上能够大有作为,具有广阔的应用前景。

（一）草食动物市场需要优质粗饲料

我国草食动物市场需要大量的粗饲料,饲草是发展草食动物养殖的基础,优质粗饲料是实现草食动物高产的重要因素,是提升畜产品质量的重要途径。据统计,2022年我国奶牛存栏1160.8万头,截至2023年末全国肉牛（包括水牛、黄牛）存栏10509万头,2023年全国羊存栏32233万只。但相对于我国庞大的草食动物存栏量,优质粗饲料供应依然严重不足。从2008年以来,我国苜蓿商品干草种植面积从30万亩增加到635.5万亩,苜蓿干草从10万吨增加到380万吨。海关数据显示,2021年我国牧草进口量高达178万吨,苜蓿进口量近139.8万吨,苜蓿进口金额6.8亿美元,2018年中美贸易战后,我国进口苜蓿关税增加2倍,每吨苜蓿干草成本增加550～800元不等,给草食动物养殖带来较大的成本压力。在粗饲料供应的巨大缺口及其蛋白饲料价格涨幅较大的情况下,优质饲料资源的开发利用尤为迫切,发展杂交构树产业有利于减少进口苜蓿使用量,而杂交构树经过科学加工能够成为高利用价值的非常规饲料资源。

（二）杂交构树可替代部分传统粗饲料

养殖成本中的重要一项是豆粕等蛋白饲料的使用,杂交构树作为高蛋白且营养均衡的优质木本植物,是玉米、大豆等传统蛋白饲料的绝佳替代品。杂交构树生长速度快,年均收3～5茬,每茬可收割鲜枝叶1.5吨以上,每年亩产量6吨,每亩年产净蛋白400多千克,是大豆每亩年产净蛋白的7倍、苜蓿每亩年产净蛋白的4倍左右。杂交构树叶含有20%以上的粗蛋白和微量元素硒等,比苜蓿草粉高出8%左右,中性洗涤纤维和酸性洗涤纤维含量均低于苜蓿,略高于豆粕和玉米,粗脂肪与钙的含量也较高,营养全面,饲用价值极高。杂交构树中富含的类黄酮和生理活性物质,对提高动物免疫力有一定效果。杂交构树青贮的粗蛋白、粗脂肪、钙和磷分别占干物质的21.14%、4.9%、1.74%和0.36%,而苜蓿青贮只有18.02%、3.53%、1.4%和0.29%。因此,杂交构树枝叶可以作为牛羊的重要饲料组成。发展杂交构树"豆粕玉米替代减量"饲料产品,为从根本上缓解我国养殖业饲料，尤其是粗蛋白饲料短缺问题提供了理想的蛋白料来源，有利于缓解人畜争粮、蛋白质饲料紧缺带来的压力，能够提高我国农民的经济效益和养殖场利润，是我国畜禽产业绿色健康发展的重要途径。

三、采加主要农机具

（一）生长特性对采收的影响

杂交构树作为畜牧饲料，其高蛋白含量和无抗性，给养殖业饲料的发展注入了新的生机，受到了养殖企业和养殖专业户的青睐。杂交构树的采收方式有人工刈割和机械收割两种。人工刈割是小规模杂交构树饲料林或大山、深山地带常采用的收割方式。人工刈割只能满足整枝收割，收割后需要整枝运输至场地后再进行切碎加工。人工收割工序分散，需要较多的人工投入且效率很低，不利于杂交构树产业的可持续发展。机械化联合作业收获是杂交构树产业发展的必由之路，但杂交构树机械化联合收获不同于大宗农作物以及青贮饲料收获，它是一次种植，多季多年收获，收获过程要考虑下茬枝条持续萌发，同时杂交构树皮纤维较多，且有韧性，收割时不恰当的切碎方式会造成纤维结团，给后期的饲料加工和饲喂都带来不便，为此开发适合杂交构树的采收机械对杂交构树产业的发展具有促进作用。2019年国家发改委产业结构调整指导目录中，在鼓励类农业收获机械类别中增加了"杂交构树联合收获机械"品目，鼓励企业投入杂交构树联合收获机械的研发。杂交构树的生长特性主要有以下几点。

1. 多次采收特性

杂交构树多年生长，每年能收获3~5次，可连续收割15~20年。杂交构树耐刈割，且越割侧枝生长越多。杂交构树株高1米刈割，比2米或3米刈割具有更多的优越性。《中国饲料原料目录》中也规定木本饲料的高度应在3米以下，株高1米刈割不但营养价值高、适口性好、动物易于消化，且高密度的刈割，反而能刺激和加快侧枝发芽生长，增大了生物量（鲜物质产量）。据统计，杂交构树在种植的第一年在1米高度刈割，比1.5米高度能多刈割一茬，鲜嫩枝叶产量可达4~5吨,第二年可多刈割2茬,鲜嫩枝叶可达8~12吨。合理规划构树种植密度,是实现构树在株高1米左右刈割的前提条件,否则不能实现较高的营养成分含量和较高的生物产量双赢的结果。种植密度加大、苗木封垄早、刈割次数增加、组织幼嫩,也便于机械化采收。

2. 根系保护对采收的影响

杂交构树在中国的温带、热带均有分布,不论平原、丘陵或山地都能生长,具有速生、适应性强、分布广、易繁殖、热量高、轮伐期短等特点。其根系浅,侧根分布很广,生长快,萌芽力和分蘖力强,但多次收割剪伐会对根系形成拉扯,使根系损伤造成减产。多次剪伐后底部茎杆较粗,由于根系浅,机器碾压容易造成根系损伤。当土壤水分不足时,根系修复慢,容易造成作物减产。所以机械化收获时需注意以下三点:一是要求平茬收割时,应快速平茬且茬口平整,不能对根系形成拉扯而造成根系损伤;二是机械的轮胎应行走于垄沟内,不能碾压根系;三是要求机器重量尽量轻,减轻对田地的压实作用。

3. 种植区域对采收的影响

由于杂交构树生长适应性强,故不必特意占用耕地进行种植,可种植于河滩、荒地、荒山、平原、丘陵或山地等地带。这是一种不与粮争地的优质蛋白饲料作物,可在北方地区的半沙化边际土地种植,也可在丘陵坡地、台地种植,种植适应性强,但机械收获时就会带来南北方机械化收获适应性问题。南方种植杂交构树的地区多为浅坡、台地,且雨水多,田地潮湿、泥脚深,不适合轮式机器作业,应采用履带式专用驱动底盘。北方地区的半沙化边际土地,土质松软,要求机器通过性好、驱动力强的高架四轮驱动底盘适合杂交构树的机械化收获作业。

(二)饲料化应用对采收作业的要求

1. 饲料化应用的方式

鲜食饲料:直接刈割切碎揉搓鲜食饲喂,切碎长度小于5厘米。此方式是最简单、成本最低的方式,但需要每天收割,不适合大规模应用,饲料无法存储。

青贮、微贮饲料：收获切碎至2厘米以下，可裹包、装袋青贮也可窖藏青贮。在常温条件下，青贮20～30天，低温可贮50～60天，仍保持较好品质。

蛋白饲料粉饲料：收获后烘干细碎磨粉作为蛋白饲料粉添加在其他饲料中混合后饲喂牲畜。大多为猪饲料、鸡鸭饲料等。

颗粒饲料：根据饲喂要求按照不同的添加比例，饲料粉或干枝叶和其他饲料混合后压粒制作配方饲料，形成独特的构树颗粒饲料。也可和其他农副产品以及秸秆等经粉碎后充分混合，加入发酵剂以及微生物能量物质，经充分发酵后，出料制粒，形成全营养发酵颗粒饲料。

2. 收获机械作业性能要求

长度要求：杂交构树根据不同的饲喂方式可作为粗蛋白饲料用于饲喂牛、羊、鸡鸭和猪等畜禽，用于牛、羊等反刍动物的饲料，要求其切碎长度小于20毫米，用于猪饲料要求切碎长度应小于5毫米。由于杂交构树作物的特殊性，要求机器多次收割且切碎质量好，效率高，能耗低，机器重量轻，避免对构树根系碾压损伤。做猪饲料可用青贮后饲料二次加工细碎方法实现。

平茬要求：杂交构树因多次收割剪伐易对根系形成拉扯进而使根系损伤造成减产，所以要求平茬收割时，根茬茬口断面平整，茬口平滑，无碎茬、裂茬，防止水分流失过快影响萌芽再生，以利于分蘖、复萌，提高再生生物量。

农艺要求：当收获机械轮距和种植行距不适应时，多次收割会使轮胎碾压杂交构树根部，损伤根系，容易造成再次生长的产量减少。因此在种植杂交构树时要求农艺与农机结合，种植工艺要规范，行距应满足收割设备轮距、割幅要求，避免漏割、压根、压垄现象的发生。

（三）采收、加工机械

采收机械是将杂交构树平茬收割离开田间的机械，按收获方式分为割灌机、青饲料收获机、专用杂交构树收获机三种，其收获效率和地区适应性区别较大，需要根据具体情况进行选择。加工机械是杂交构树完成田间采收后，根据不同饲料利用方式，将物料加工成不同形态的饲料的专用加工机械。主要机械种类和用途如下：

1. 割灌机

背负式割灌机,是一种便携式割灌工具,操作人员可戴在背部进行操作平茬,平茬后杂交构树放铺在田间,再由人工运输离田。它通常配有旋转刀盘或切割线,适用于小地块种植杂交构树的收获,主要优点是效率比人工收获高2~3倍,缺点是背负式割灌机在操作者背部震动较大,劳动强度大,有效工作持续时间短,收获的物料还需要人工收集搬运离田。

机动割灌机,是一种搭载在农业机械上的割灌设备,通常由发动机、割灌刀片和传动装置组成,机动割灌机具有效率高,适应性强的特点,可以用于面积稍大的地块平茬作业,但仍然属于分段收获的方式。

2. 青饲料收获机

是将田间青饲料作物收割、切碎、抛送集料的机械,收割的作物主要有青饲料玉米和青饲料牧草等。主要工作部件有收割台和切碎抛送装置。收割台多是刀盘上安装有刀片,高速旋转时将植株砍切下来,再输送到切碎装置进行切碎。青饲料收获机可以收割杂交构树,但在收割时容易对根系形成拉扯,形成根系损伤。青饲料收获机普遍机型较重,单机重量7吨以上,工作时容易压实田地,形成根系损伤,特别是在秋末,降温期间,损伤的根系无法修复,会造成植株死亡的情况,长期使用青饲料收获机收割杂交构树,会引起再生长严重减产的现象。由于青饲料收获机都是轮式驱动底盘,在南方潮湿、泥泞的田地中行走容易下陷,无法作业。

3. 专用杂交构树收获机

专用收获机是针对杂交构树收获开发的专用机械,具有一次性作业可完成杂交构树平茬收割、输送、切碎、抛送装箱功能。主要工作部件有低损平茬割台和切碎装置。低损平茬割台是针对杂交构树全株收割部件,有往复剪切式割台和圆盘锯片式割台,均为有支撑切割方式,具有平茬后茬口平整、根系扰动损伤小的特点。切碎装置为先切段再揉搓,保证切碎物料细碎、均匀,可满足直接饲喂要求。按底盘的驱动形式,可分为自走轮式杂交构树收获机和履带式杂交构树收获机。

自走轮式杂交构树收获机，采用电控全液压四驱驱动底盘，适合北方沙化、半沙化地区种植杂交构树的收获。

履带式杂交构树收获机，采用窄履带液压驱动底盘，适合南方泥泞潮湿的田地种植杂交构树的收获。

4. 青贮包膜机

主要用于将收割切碎后的杂交构树压成致密圆捆并缠膜形成密闭发酵环境，便于长期存储。该机器能一次性完成构树的打捆、裹包、缠膜操作，具备全自动打捆包膜功能。捆包直径从0.4~4.6米不等，提供多种规格，用户可根据实际需要选用。

5. 粉碎机

杂交构树粉碎机械是将田间收获回来的碎断枝叶或树干粉碎成粒状或粉末，长度小于2毫米。它通常由旋转的刀具或锤头组成，可以通过高速旋转将物料破碎。切碎的物料可以添加菌剂和其他添加剂均匀搅拌后，装袋微贮，也可直接烘干成杂交构树粉用于养猪业的添加料。

四、烘干设备

（一）杂交构树特性对干燥的影响

新鲜收割的杂交构树含水率高，未经过加工处理易氧化褐变、腐烂发霉，营养成分快速流失。因此，新鲜收割的杂交构树需要通过及时加工处理来延长存放时间及减少品质流失。为获得优质构树叶粉需坚持两项原则：一是在调制过程中应尽快采取措施降低杂交构树的水分含量并缩短干燥时间，减少生理及生化作用造成的营养损失；二是调制过程避免淋雨，避免因淋雨加强细胞的呼吸作用，从而造成营养物质的流失。并且，新鲜收割的杂交构树为茎叶混合类物料，其自然堆积的孔隙结构会影响不同干燥工艺的干燥效果。收割的杂交构树尺寸在2~4厘米，其孔隙率较大，适合热风干燥进行对流换热，不适合导热为主的干燥工艺，如真空干燥、真空脉动干燥。杂交构树传统的高温干燥方法虽然可以实现快速干燥的目的，但是会导致物料焦糊，蛋白质变性，干燥品质下降。因此,杂交构树干燥具有低温和快速降水的需求。

(二)网带式低温烘干设备

根据杂交构树干燥特性,开发一种低温热风网带式烘干设备。其基本原理是利用热泵和电提供热源,利用风机进行对流换热,对物料进行热量传递,并不断补充新鲜空气和排出潮湿空气,干燥时箱内能保持适当的相对温度和湿度,其最大特点是大部分热风在箱内进行循环,从而增强了传质与传热,节约了能源。此外,在网带两边设置倾斜挡板,阻挡杂交构树在传送时从传送带侧边落下,影响其干燥效果或减少损失。

经过中国科学院理化研究所科技人员研究,开发出杂交构树低温烘干设备。采用能量回收及流场优化关键技术和智能控制技术,利用热泵和电提供热源,利用风机进行对流换热,对物料进行热量传递,并不断补充新鲜空气和排出潮湿空气,干燥时箱内保持适当的相对温度和湿度,增强传质与传热,保障节约能源。以进料1.2吨/小时,每干燥1吨能耗515.84kW·h,电费216.65元(0.42元/kW·h),与传统工艺相比,减少营养物质的破坏和流失,干燥能耗降低30%以上,碳减排达20%以上。可低价、规模化生产优质干粉,破解杂交构树湿料进不了工业化全日粮饲料的出口瓶颈,便于长距离运输和长期保存。

第四节　养殖产业情况

一、家畜养殖

(一)奶牛养殖

奶牛舍饲时宜使用杂交构树青贮或杂交构树干草,调制成全混合日粮进行饲喂,奶牛数量较少或者饲料需要长距离运输时,宜使用杂交构树干草,直接或与其他饲料混合后进行饲喂。杂交构树干草与其他饲料混合饲喂奶牛时,切碎长度宜为3~5厘米。不同生理阶段奶牛的饲喂量参考比例为:断奶至育成阶段0.4—0.7千克/天DM(干物质),日粮中比例为5%—10% DM(干物质);育成牛至青年牛阶段1.1—1.6千克/天DM（干物质），日粮中比例为10%—15% DM（干物质）；干奶牛阶段1.3—2.9千克/天DM（干物质），日粮中比例为10%—20% DM（干物质）。使用杂交构树发酵饲料可以降低10%的饲料成本。

宫斌使用杂交构树青贮分别替代日粮中50%、100%的苜蓿干草饲喂12月龄奶公牛，研究发现，杂交构树青贮替代苜蓿干草不影响奶公牛生长性能、营养物质表观消化率和瘤胃发酵功能，奶公牛的饲料单价分别降低了0.13元/千克和0.24元/千克。屠焰研究表明，杂交构树全株嫩苗粗蛋白质24小时和48小时瘤胃降解率为86.77%和94.29%，可为反刍动物提供数量较多、消化率较高的蛋白质。在饲粮中添加10%~15%的杂交构树青贮饲料可增强奶牛的免疫和抗氧化功能，提高牛奶中多不饱和脂肪酸的浓度。饲粮添加杂交构树青贮可影响荷斯坦小母牛的血清抗氧化剂和免疫指标，以及粪便参数、粪便微生物组成和功能，可使奶牛乳房炎发病率下降0.41%。奶牛日粮中杂交构树青贮饲料替代全株玉米青贮饲料能够促进奶牛的蛋白质代谢。杂交构树替代苜蓿干草对低产奶牛干物质采食量和产奶量没有影响，但提高了其抗氧化能力。苏应玉研究发现，在荷斯坦奶牛的基础日粮中分别添加4%、8%、12%的发酵杂交构树饲料后，泌乳奶牛采食量和产奶量都有一定程度的增加，且以添加8%的组别最为显著，同时可降低牛乳体细胞含量，并提高乳清抗氧化功能。当然，若杂交构树饲料添加不合理，会对奶牛的消化率和产奶量产生潜在的不利影响，因此饲粮中添加杂交构树干草应做好把控。有研究发现，饲粮中杂交构树青贮添加比例为7%对泌乳前期奶牛的采食量和产奶量无显著影响，添加比例达到或超过14%则对奶牛采食量和产奶量有不利影响。因此，科学合理地饲喂杂交构树饲料可提高奶牛产奶量，乳固体成分包括乳脂肪、乳蛋白分别提高2%、0.24%、0.04%，降低乳中菌落总数和体细胞数，提高乳制品品质。

（二）肉牛养殖

不同生理阶段肉牛的饲喂量参考比例为：犊牛阶段（4~6月龄）为0.7~1.4千克/天 DM（干物质），日粮中比例为5%~10% DM（干物质）；育前牛阶段（7~12月龄）的架子牛为3.5~5.8千克/天 DM，日粮中比例为15%~25% DM；育肥牛阶段（13~18月龄）为3.5~5.5千克/天 DM（干物质），日粮中比例为10%~15% DM（干物质）。

杂交构树细枝条、茎秆、全株嫩苗经青贮后可在肉牛日粮中添加10%~15% DM以替代部分豆粕或苜蓿。中国农业科学院饲料研究所反刍动物营养与创新团队经动物试验验证，添加15%的杂交构树青贮，可显著提高黑安格斯牛的日增重（52.5%）、降低料重比18.9%，可降低牛肉中饱和脂肪酸（C12:0）的含量26.8%，提高对人体有益的亚油酸（C18:2n6c）含量29.9%，可提高牛肉亮度15.3%，降低丙二醛，增加血超氧化物歧化酶，提高抗氧化能力。此外，杂交构树可部分替代日粮豆粕、玉米、苜蓿或玉米黄贮，能在保证肉牛生产性能的同时，降低大豆等蛋白饲料原料的用量，比常规日粮配方中大豆用量降低2个百分点以上，每头牛育肥期可减少豆粕用量10千克以上。研究发现，饲粮中同时添加青贮燕麦和发酵杂交构树饲料能提高肉牛免疫性能，改善牛肉品质。可见，杂交构树青贮对牛肉品质无负面影响，并可通过提高肉中不饱和脂肪酸含量来改善肉品质，增强消费者对肉品的可接受性，也可直接和间接提高养殖企业收益（图1-4）。

（三）肉羊养殖

育成及育肥阶段肉羊的参考饲喂量为：育成羊0.1~0.3千克/天 DM（干物质），日粮中比例为10%~20% DM（干物质）；育肥羊0.1~0.6千克/天 DM（干物质）；日粮中比例为10%~20% DM（干物质）。

将杂交构树叶片添加到西非矮羊基础日粮中，可以提高日均采食量0.04千克，并且西非矮羊血液常规检测结果并未表现出异常变化。饲喂杂交构树青贮能提高肉羊免疫力，改善肌肉营养成分以及氨基酸和脂肪酸的组成，添加量为12%效果最好。在黑山羊日粮中添加12.5%的杂交构树青贮替代部分苜蓿干草，与饲喂常规饲料对比，能够降低十二指肠、空肠隐窝深度，使黑山羊身体长速更快，在一定程度上改善肠道形态，促进肠道健康。一只黑山羊的平均饲料费用也明显低于常规饲料投喂的黑山羊，节约了黑山羊养殖成本。在萨寒杂交肉羊养殖中，用杂交构树叶青贮替代蛋白饲料，随着替换量的增加，相同日增重下肉羊的排泄物增多，饲料消耗率下降。在湖羊日粮中添加杂交构树干料和青贮杂交构树，可提高胴体品质。饲喂杂交构树青贮可提高奶山羊的采食量和产奶量，并使血清中泌乳相关激素含量升高，进而促进泌乳。可使羊奶中乳脂、乳糖及不饱和脂肪酸含量升高，饱和脂肪酸含量降低，进而提升乳品质。饲喂杂交构树青贮饲料能够改善奶山羊粪便微生物群落结构，抑制有害微生物，维持后肠道健康，为奶山羊的生长发育带来积极影响，在一定程度上提高公羊的精液品质。黄江丽等用杂交构树青贮替代湖羊日粮中0、30%、60%、100%的花生藤，研究表明，杂交构树青贮可以作为湖羊潜在的优质饲料原料，综合各指标结果，杂交构树青贮替代60%花生藤的效果较好（图1-4）。

　　杂交构树青贮饲料替代苜蓿饲喂肉羊，能够降低饲料成本、提高羊肉品质、提高经济效益。王学兵在饲粮中添加24%~32%发酵杂交构树替代部分苜蓿和豆粕，不影响湖羊生产性能，但可显著改善肌肉嫩度、系水力等肉质性状，降低肌肉中粗脂肪、胆固醇含量，提高肌肉中微量元素和不饱和脂肪酸含量；可显著增加湖羊肠道中胰蛋白酶和脂肪酶活性，提高肠道菌群中厚壁菌门等益生菌的相对丰度，降低变形菌门等有害菌的相对丰度，促进动物机体对营养物质的吸收利用。

a：肉牛养殖　　　　　　　　　　　　b：肉羊养殖

图1-4　杂交构树饲料养畜

（四）生猪养殖

　　杂交构树饲料初始饲喂猪时应有5~10天过渡期，过渡期内逐日增加饲喂量至目标饲喂量。不同生理阶段猪的参考饲喂量为：生长育肥猪0.1%~0.3%千克/天 DM，日粮中比例为4%~10% DM；妊娠母猪阶段0.1%~0.2%千克/天 DM，日粮中比例为6%~8% DM；泌乳母猪0.3%~0.6%千克/天 DM，日粮中比例为6%~10% DM。其中生长育肥猪平均日采食量按2.40千克计，妊娠母猪平均日采食量按2.20千克计，泌乳母猪平均日采食量按5.50千克计。瘦肉型保育猪不超过3%，生长猪和哺乳母猪不超过8%，育肥猪不超过15%，妊娠母猪不超过10%，地方猪可加倍使用。

在育肥猪饲料中采用全株发酵杂交构树饲料替代豆粕可改善肉品质。有研究表明，10%~15%的杂交构树叶可显著增加育肥猪的平均日增重，当添加量达到10%时，背膘厚度显著下降，对肉品质有改善作用的游离氨基酸和谷氨酸钠等物质显著上升，肉色也有改善。添加20%的杂交构树叶可降低育肥猪料肉比，4%全株发酵杂交构树饲料替代日粮中的豆粕可以增加眼肌面积，降低背膘厚度，改善猪肉品质。杜淑清给2~4月龄、5~6月龄、6月龄以上土猪分别饲喂5%、15%、20%的杂交构树发酵饲料，替代豆粕3%~6%，替代玉米3%~7%，结果表明不同月龄土猪添加构树发酵饲料可提高7.05%的平均日采食量以及6.67%的平均日增重。张宏利在育肥猪饲粮中分别用3%、5%、7%的全株发酵杂交构树替代豆粕，研究表明，使用3%全株发酵杂交构树代替豆粕对育肥猪的生长性能、肉品质和表观消化率的影响作用较好。

二、家禽养殖

（一）鸡养殖

杂交构树纤维含量高，在饲喂单胃动物（猪、家禽、水产等）中的具体用法用量有待考量。杂交构树鲜叶揉丝或打成浆后直接投喂肉鸡，饲喂量占日粮的比例宜为5%~10%。在产蛋中期蛋鸡日粮中添加不同水平的构树叶均可增加蛋重，以2%添加效果最佳。魏攀鹏用1.5%~8%杂交构树叶替代产蛋初期大午金凤蛋鸡基础饲粮中部分玉米豆粕后发现，适宜替饲比例的杂交构树叶有助于提高鸡蛋品质的物理性状指标，可显著或极显著提高鸡蛋品质的营养成分指标，且替饲比为3.5%~4.5%的综合效果最佳，该比例最适宜在生产中应用。

刘玉等研究发现，在青脚麻鸡基础日粮中分别添加3%、6%、9%的发酵杂交构树饲料，在不影响青脚麻鸡生长性能的前提下，日粮中添加6%的发酵杂交构树饲料可以提高鸡肉风味及营养价值。蒋兵兵等给海兰褐蛋鸡饲喂含有1.5%、2.5%、3.5%、4.5%发酵杂交构树叶的饲粮，研究表明，饲粮中添加发酵杂交构树叶对蛋鸡生产性能无不利影响，但可降低鸡蛋胆固醇含量，提高蛋白利用率，改善血清生化指标及肠道组织形态。日粮中添加2%~6%的杂交构树叶粉后，能够促进合成肌肉的蛋白质生成，提高良凤花鸡的生长性能。饲粮中添加6%的杂交构树叶还可以提高广西三黄鸡的法氏囊指数，改善盲肠菌群结构。使用7%发酵杂交构树粉替代部分三黄鸡基础日粮影响了胸部肌肉品质，利用杂交构树枝叶青贮替换25%稻糠后蛋黄颜色明显提高。1.5%~2%杂交构树叶可以增强3~9周龄蛋鸡对新城疫的免疫力（图1-5）。

开展杂交构树在家禽养殖中的研究及应用，通过在蛋鸡与肉鸡饲料中添加不同比例和不同形式的杂交构树粉，开发一种或多种能够应用于蛋鸡与肉鸡、减少抗生素应用，提高家禽生产性能、生长性能、肉品质并改善鸡蛋品质及血液生化指标的优质蛋白饲料具有重要意义。

通过在蛋鸡基础日粮中添加不同比例的发酵杂交构树粉替代部分豆粕饲喂海兰褐蛋鸡和大午金凤蛋鸡，对两个品种蛋鸡的生产性能、蛋品质、血液生化指标等多个指标影响的研究，可总结出适合非单一品种蛋鸡的杂交构树粉添加比例和饲料添加形式。

对株高80~110厘米的杂交构树进行采收、晾干、粉碎后制成杂交构树干粉。发酵杂交构树粉则将粉碎的杂交构树（75%）、发酵菌种（5%）、麸皮（10%）、糖蜜（5%）、玉米（5%）混合均匀，装袋室温密封发酵25天制成。研究发现，在海兰褐蛋鸡基础日粮中添加2.5%~3.5%的发酵杂交构树全株粉、2.5%~3.5%的发酵杂交构树全叶粉可在一定程度上提高蛋鸡产蛋性能；添加2.5%~4.5%的发酵杂交构树全株粉、发酵杂交构树全叶粉可在一定程度上提高蛋黄颜色，提升蛋品质；添加2.5%~4.5%的发酵杂交构树全株粉、发酵杂交构树全叶粉可在一定程度上降低甘油三酯水平，提高总蛋白、球蛋白水平。在大午金凤蛋鸡基础日粮中添加2.5%的发酵杂交构树全株粉、2.5%~3.5%的发酵杂交构树全叶粉可在一定程度上提高蛋鸡产蛋率；添加2.5%~4.5%的发酵杂交构树全叶粉可提高蛋黄颜色、提升蛋品质并可在一定程度上降低血糖、甘油三酯。

综合上述发酵杂交构树饲料对大午金凤及海兰褐蛋鸡生产性能、蛋品质、血清生化指标的检测分析结果，适宜在海兰褐蛋鸡基础日粮中添加2.5%~3.5%的发酵杂交构树全株粉、2.5%~3.5%的发酵杂交构树全叶粉饲料进行规范化养殖；适宜在大午金凤蛋鸡基础日粮中添加2.5%的发酵杂交构树全株粉、2.5%~3.5%的发酵杂交构树全叶粉饲料进行规范化养殖。

在红瑶肉鸡基础日粮中添加不同比例的发酵杂交构树全株粉替代豆粕，研究杂交构树饲料对肉鸡生产性能、肉品质、免疫器官指数、血液生化指标等方面的影响，总结出适合肉鸡的添加比例，建立杂交构树饲料饲喂肉鸡的应用技术。

在基础日粮中添加1%、3%的发酵杂交构树全株粉不影响红瑶肉鸡的平均日采食量，添加5%则肉鸡血清胆固醇、甘油三酯显著降低，添加3%后蛋鸡法氏囊指数显著升高，免疫性能有所提高，试验组中甘氨酸、风味氨基酸含量显著提高。综合上述杂交构树饲料对红瑶肉鸡的检测结果，在红瑶肉鸡基础日粮中添加1%~3%的发酵杂交构树全株粉饲料进行规范化养殖，可提高肉鸡免疫性能，改善鸡肉风味。

按照试验时豆粕价格3500~5230元/吨，发酵杂交构树全株饲料2200元/吨，蛋鸡饲粮中添加2.5%~4.5%的发酵杂交构树全株饲料预计可降低饲料成本32.50~136.35元/吨；肉鸡饲粮中添加1%~3%的发酵杂交构树全株粉饲料预计可降低饲料成本13.00~90.90元/吨。研究表明，饲粮中添加发酵杂交构树饲料可改善蛋鸡与肉鸡血清生化指标，提高机体免疫性能，因此可减少养殖过程中的兽药使用、有效降低死亡率，从而降低部分养殖成本。

杂交构树是优质的蛋白质饲料原料，在蛋鸡饲粮中以一定比例添加可改善蛋鸡生产性能、调节蛋鸡生理功能，在蛋鸡生产中具有广阔的应用前景。杂交构树中蛋白质的含量高达25%~30%，可部分替代豆粕、鱼粉等作为蛋白质饲料资源用于蛋鸡养殖。

养殖方式：

目前，在蛋鸡规模化养殖中，多用杂交构树叶或发酵杂交构树小部分替代玉米、豆粕饲喂笼养蛋鸡，其对生产性能未见不良影响，且有改善鸡蛋品质，促进蛋鸡健康的功效；而在散养蛋鸡生产中，也有部分养殖场户选择用新鲜杂交构树叶饲喂蛋鸡，生产特色构树鸡蛋，在市场中反响良好。

饲料配比：

由于蛋鸡等家禽对粗纤维消化率偏低，因此杂交构树叶在蛋鸡日粮中不宜过多添加，多以1.5%~4.5%为宜。若用量过大，会降低蛋鸡对营养物质的消化吸收，影响其生产性能。侯海锋等（2012）研究发现，1.5%~2%杂交构树叶可以增强3~9周龄蛋鸡对新城疫的免疫力，还可以减少H5N1型禽流感对4~9周龄蛋鸡的感染。李艳芝（2011）研究认为，在产蛋中期蛋鸡日粮中添加不同水平（0.5%、1%、1.5%、2%）的杂交构树叶，产蛋率和蛋重均有增加，以添加2%的杂交构树叶效果最佳；1.5%杂交构树叶可使蛋黄颜色、蛋壳相对重量、蛋壳厚度显著改善。综合各项指标得出结论，在蛋鸡日粮中添加1.5%~2%的杂交构树叶其效果最佳。此外，杂交构树叶作为绿色、天然、高蛋白植物添加剂，还可替代产蛋初期蛋鸡饲粮中部分玉米、豆粕。1.5%、2.5%、3.5%、4.5%、8%替代比分别对于提高所生产鸡蛋中不饱和脂肪酸（FA）、维生素（VIT）、胆固醇（CHOL）、氨基酸（AA）、总CP（粗蛋白含量）含量的效果最佳；其中替饲比为3.5%~4.5%的综合效果最佳，且最适宜在生产中应用（魏攀鹏等，2023）。

杂交构树经发酵处理后改善了其适口性，气味宜人，不仅含有家禽可以利用的脂肪、粗蛋白及多种高能量物质，而且含有多种有益微生物，能改善禽类肠胃微生物环境，使其免疫力与抗病力得到提高，在一定程度上节约了饲养成本。在蛋鸡的产蛋前期和后期均可以在日粮中添加发酵杂交构树，对生产性能没有不良影响，适宜添加量分别为前期1%，后期3%。

Niu等（2023）研究表明，在23周龄的产蛋鸡日粮中添加全株发酵杂交构树粉可以显著提高其平均日采食量、饲料转化率、高密度脂蛋白胆固醇含量,显著降低血清中甘油三酯含量;提高平均蛋重和蛋黄颜色深度、降低蛋壳重和蛋壳厚度,改善蛋品质。但较高的添加水平可能导致蛋壳品质下降,因此建议发酵杂交构树添加量为1%。Zhu等(2022)研究发现,在产蛋后期蛋鸡日粮中分别添加1.5%、3%、4.5%的发酵杂交构树全株粉替代玉米和豆粕,蛋鸡死亡率大大降低,其盲肠微生物区系结构发生改变,但正常优势菌未受到不良影响。当添加量为4.5%时,蛋鸡的日均产蛋量显著低于对照组,但从整体上看对蛋鸡的生产性能和蛋品质均无不良影响。从生产角度出发,发酵杂交构树在蛋鸡生产后期替代量为3%时有最佳效果。闫灵敏等(2023)研究发现,在蛋鸡基础日粮中添加1.5%、2.5%、3.5%的发酵杂交构树粉,可提高蛋品质,改善小肠形态结构,提高蛋鸡对营养物质的消化吸收,添加比例为3.5%时改善效果较好。

养殖成本和产品品质:

杂交构树作为饲料原料可以改善蛋鸡饲料的营养成分,提高蛋鸡产品的营养价值。杂交构树富含丰富的蛋白质、维生素和矿物质等营养成分,能够全面满足蛋鸡生长发育所需的营养需求。这些营养成分能够促进蛋鸡健康成长,增强其免疫力,提高产蛋率和蛋品质。不仅如此,杂交构树饲料的添加可改善蛋鸡产品的口感和风味。杂交构树所含有的天然活性物质和抗氧化剂,能够提高蛋鸡肌肉的鲜嫩度,改善蛋鸡产品的口感和嚼劲。

相比传统的木本饲料原料,杂交构树具有更高的营养价值和更低的生产成本,同时对环境的影响也更小,因此备受青睐。由杂交构树叶饲喂散养蛋鸡所生产的构树鸡蛋,其蛋黄中多不饱和脂肪酸含量增多,卵磷脂和其中所富含的维生素、矿物质等营养素含量远高于普通鸡蛋,可作为无抗特色农产品,带动养殖增收。应用杂交构树全株粉饲喂蛋鸡,预计节省饲料成本约50元/吨,提高蛋鸡产蛋率0.1%~0.2%,单枚鸡蛋生产成本降低的同时,增加总营收。以10万规模蛋鸡场为例,应用杂交构树叶饲喂蛋鸡预计可有每年超200万元的额外营收。

(二)鹅养殖

杂交构树养鹅是我国畜牧业的一个新兴领域,通过将杂交构树叶片作为鹅的青绿饲料，可以显著改善鹅肉品质，提高经济效益（图1-5）。近年来，国内外已有多个研究团队开展了杂交构树养鹅的研究和实践，取得了显著成效。李建国等（2019）研究表明，在北京市平谷区南独乐河镇，采用杂交构树养鹅模式，鹅出栏45日龄，屠宰率可达75%以上，比常规玉米-豆粕喂养模式高5~8个百分点，每只鹅净利润高出5~8元。杨光等（2020）在河南省淇县率先开展了杂交构树养鹅示范，每只鹅饲料成本降低1.5~2元，鹅肉品质明显改善，深受消费者欢迎，被评为省级畜牧业科技示范基地。张建军等（2021）系统研究了杂交构树叶片替代部分商品饲料对鹅生长性能和肉品质的影响。结果表明，在鹅日粮中添加7%的杂交构树叶粉，42日龄鹅的增重和料重比显著优于对照组（$P<0.05$），鹅胸肌中微量元素硒、锌、铁的含量分别提高了12%、15%和10%，且鹅肉感官品质评分明显高于对照组（$P<0.05$）。国外学者Deng等（2018）在泰国开展了杂交构树养鹅研究。研究发现，在肉鹅日粮中添加10%杂交构树叶粉，可使42日龄鹅的料重比提高8.5%，胴体屠宰率提高1.2个百分点，每只鹅饲料成本降低12泰铢（约合人民币2.4元）。Li等（2019）采用基因芯片技术，分析了杂交构树叶粉对肉鹅肠道微生物区系的影响，结果表明，饲粮中添加杂交构树叶粉可显著提高鹅肠道有益菌乳酸杆菌和双歧杆菌的丰度，降低肠道有害菌大肠杆菌和沙门氏菌的丰度（$P<0.05$），有助于维持鹅肠道健康，提高鹅的生长性能。

综上所述，杂交构树养鹅是一种新型、高效、生态的现代化养鹅模式。杂交构树叶片营养丰富，可替代部分商品饲料，有效降低养殖成本；杂交构树生长

a：肉鸡鲜食　　　　　　　　　　b：肉鹅鲜食

图1-5　杂交构树鲜叶饲喂

速度快、单位面积产量高，易于形成规模化种植，为鹅提供充足、优质的青绿饲料来源；同时，杂交构树叶粉具有调节肠道微生态、改善鹅肉品质的独特功效。

三、水产养殖

杂交构树在水产养殖中的应用日益广泛，特别是作为草食性鱼类（如草鱼、鳊鱼、鲢鱼等）的优质饲料原料，受到国内外学者和养殖户的高度关注。研究表明，在草鱼等鱼类日粮中添加适量的杂交构树叶粉，可显著改善鱼类生长性能、体组成和肉品质，同时有效降低养殖成本，提高经济效益和生态效益。

鱼类的蛋白质含量高，且属于优质蛋白，人体吸收率高，富含丰富的氨基酸、脂肪酸、维生素和微量矿物质。相对于其他畜禽，杂交构树作为饲料原料在鱼类中研究较少。利用杂交构树叶饲喂草鱼等水产动物，不仅能提高草鱼的成活率，有效改善草鱼肠道菌群组成，还能影响鱼肠道菌群的多样性及丰富度，同时，可将排出的粪便研制成生物絮团促进剂，将其转化为其他鱼虾的优质饲料，对鱼虾生长起到良性促进作用，形成良好的"产业链"。阔叶乔木构树凋落物能改善环境，可以修复斑马鱼机体内被炼锌废渣损伤的抗氧化系统和神经系统。饲料中添加发酵杂交构树能提高尼罗罗非鱼幼鱼的非特异性免疫机能和抗应激能力。Tang等研究杂交构树在草鱼养殖中的应用效果，通过生长性能和生长基因表达的测定，添加5%的杂交构树饲料对草鱼的生长没有影响，添加10%及超过此比例的杂交构树饲料对草鱼的生长可能产生负面影响。此研究还表明添加不同比例的杂交构树饲料均可通过提高肌肉硬度、减少脂肪积累来改善肌肉品质，作用效果与添加的比例呈二次关系。

纪鑫等（2019）研究了在草鱼基础日粮中添加不同比例的杂交构树叶粉（5%、10%、15%和20%）对草鱼生长和肌肉品质的影响。结果表明，饲粮中添加10%的杂交构树叶粉时，草鱼的增重率、特定生长率和饲料利用率显著高于对照组（P<0.05），且鱼肉中粗蛋白质含量提高，粗脂肪含量下降，$n-3$系多不饱和脂肪酸EPA、DHA含量分别提高15.8%和20.5%。饲料成本较对照组下降12%，每公斤鱼净利润提高4.5元。

　　李伟等（2020）探讨了杂交构树叶粉对鳊鱼免疫功能的影响。研究发现，饲料中添加5%的杂交构树叶粉，可显著提高鳊鱼血清溶菌酶、酸性磷酸酶活性，上调鳃和肠黏膜相关免疫基因IL-10、TGF-β、LEP的表达量（$P<0.05$），对鳊鱼生长性能无负面影响，饲料成本降低8%。

　　因此，杂交构树叶粉是一种优质、高效、生态的水产养殖新型饲料资源。在草食性鱼类日粮中添加5%~15%的杂交构树叶粉，可在不影响鱼类正常生长的前提下，显著改善鱼肉品质，提高鱼体免疫力和抗氧化能力，同时可减少养殖排放，净化水体，节约养殖成本10%~30%，提高经济效益。此外，杂交构树所含独特的生物碱成分还能够促进鱼类生长，维持肠道健康。因此，大力推广杂交构树在水产养殖中的应用，对于加快我国渔业转型升级、促进水产养殖业绿色可持续发展具有重要意义。

第二章

杂交构树产业发展
外部环境

杂交构树产业自从国家实施精准扶贫工程以来取得长足发展，在政策引导、科技赋能、市场拉动等产业发展的外部环境方面得到了有力支撑，包括相关政策的支持、科技与专业人才的保障、用户市场的认可等，已初步营造出规模化大力发展杂交构树产业的外部环境。

第一节　杂交构树产业政策环境

自2014年12月国务院扶贫开发领导小组将杂交构树产业列入精准扶贫十大工程之一以来，国家相关部委先后出台了十几个支持杂交构树产业发展的政策性文件（表2-1）。

表2-1　杂交构树产业发展相关支持政策

时间	部门	文件名称、文号
2015年2月25日	原国务院扶贫办	《关于开展构树扶贫工程试点工作的通知》，国开办司发〔2015〕20号。
2018年4月27日	农业农村部	《饲料原料目录》，第22号公告。
2018年6月26日	农业农村部畜牧业司	《2018年全株青贮玉米推广示范应用项目实施方案》，农牧行便函〔2018〕第93号。
2018年7月11日	原国务院扶贫办	《关于扩大构树扶贫试点工作的指导意见》，国开办发〔2018〕35号。
2019年2月14日	国家林业和草原局	《关于促进林草产业高质量发展的指导意见》，林改发〔2019〕14号。
2019年10月30日	国家发展和改革委员会	《产业结构调整指导目录》，第29号令。
2019年11月8日	原国务院扶贫办、自然资源部、农业农村部	《关于构树扶贫试点工作指导意见的补充通知》国开办发〔2019〕18号。
2020年9月14日	国务院办公厅	《关于促进畜牧业高质量发展的意见》，国办发〔2020〕31号。
2021年12月14日	农业农村部	《"十四五"全国畜牧兽医行业发展规划》，农牧发〔2021〕37号。
2022年4月5日	河南省人民政府办公厅	《河南省肉牛奶牛产业发展行动计划》，豫政办〔2022〕31号。

续表

时间	部门	文件名称、文号
2023年2月13日	中共中央、国务院	《关于做好2023年全面推进乡村振兴重点工作的意见》,中央1号文件。
2023年4月12日	农业农村部	《饲用豆粕减量替代三年行动方案》,农办牧〔2023〕9号。
2023年5月18日	华亭市人民政府办公室	《华亭市"十四五"科技创新规划》,华政办发〔2023〕33号。
2023年7月14日	国家发改委	《产业结构调整指导目录（2023年本,征求意见稿）》
2023年11月14日	自然资源部	《乡村振兴用地政策指南（2023年）》,自然资办发〔2023〕48号。

注: 截至2023年底文件,地方政府收录2021年以来的文件。

一、畜牧业发展相关政策

2018年4月27日,农业农村部将构树茎叶列入《饲料原料目录》,进入国家饲料体系,取得了杂交构树饲料生产、销售的合法身份。

2020年9月14日,国务院办公厅印发《关于促进畜牧业高质量发展的意见》,明确把开发利用杂交构树新饲草资源列入健全饲草料供应体系中,并提升为蛋白饲料安全的国家战略,促进我国畜牧业高质量发展。

2021年12月14日,农业农村部印发《"十四五"全国畜牧兽医行业发展规划》,将杂交构树纳入饲草四个千亿级产业,因地制宜开发利用杂交构树、饲料桑等区域特色饲草资源,加快建设现代畜牧业产业体系。

2022年4月5日,河南省人民政府办公厅印发《关于〈河南省肉牛奶牛产业发展行动计划〉的通知》,提出在重点任务中实施秸秆饲草化行动,利用财政衔接推动乡村振兴补助资金,对新增杂交构树种植基地每亩一次性补助800元。

2023年4月12日,农业农村部制定印发了《饲用豆粕减量替代三年行动方案》,在重点任务"实施增草节粮行动"中,明确"充分挖掘耕地、农闲田、盐碱地等土地资源潜力,加快建立规模化种植、标准化生产、产业化经营的现代饲草产业体系。继续实施粮改饲政策,加快提升全株青贮玉米、苜蓿、饲用燕麦等优质饲草供给能力，因地制宜开发利用区域特色饲草资源"。杂交构树是特色饲草资源，非粮蛋白质饲料，符合产业发展支持政策。

2023年5月18日，华亭市人民政府办公室关于印发《华亭市"十四五"科技创新规划》的通知。在"平凉红牛"产业创新重点中，第2项是"加快精粗饲草料基地建设"：重点围绕优质饲草高效生产加工、平凉红牛科学饲养管理，建设规模化紫花苜蓿、杂交构树、粮饲兼用型玉米等优质饲草料种植加工基地（第12页）。

2023年7月14日，为深入贯彻党的二十大精神，适应产业发展新形势新任务新要求，加快建设现代化产业体系，国家发展和改革委员会会同有关部门修订形成了《产业结构调整指导目录（2023年本，征求意见稿）》，共有条目1002条，其中鼓励类348条、限制类231条、淘汰类423条。在鼓励类中明确将"杂交构树、蛋白桑、柠条等优质蛋白型饲料收获机械"列入农业机械装备低损高效收获机械名单中。

二、种植用地相关政策

2019年11月8日，原国务院扶贫办与自然资源部、农业农村部联合印发《关于构树扶贫试点工作指导意见的补充通知》，对构树扶贫工程种植品种和范围、技术研发、跟踪监管等作出进一步规定，明确了杂交构树用地政策，并强调所用的品种是杂交构树组培苗，禁止使用扦插苗和野生构树苗。

2023年11月14日，为切实提升自然资源领域服务、保障乡村振兴用地的能力，自然资源部根据现行的法律、法规、规章和文件，梳理乡村振兴用地涉及的政策要点，编制形成《乡村振兴用地政策指南（2023年）》。在第二十三条里明确："一般耕地应主要用于粮食和棉、油、糖、蔬菜等农产品及饲草饲料生产。"由此，杂交构树在一般耕地种植生产符合国家用地政策。

三、乡村振兴相关政策

2023年2月13日，《中共中央 国务院关于做好2023年全面推进乡村振兴重点工作的意见》发布，这是21世纪以来第20个指导"三农"工作的中央一号文件。在"构建多元化食物供给体系"里指出：树立大食物观，加快构建粮经饲统筹、农林牧渔结合、植物动物微生物并举的多元化食物供给体系；建设优质节水高产稳产饲草料生产基地，加快草产业发展，大力发展青贮饲料，加快推进秸秆养畜。杂交构树是新型蛋白质饲草料品种，完全符合文件要求。

2024年3月5日，新华社发布《关于2023年中央和地方预算执行情况与2024年中央和地方预算草案的报告》，中央财政衔接推进乡村振兴补助资金规模增加到1770亿元，用于产业发展的比例总体保持稳定，要求60%以上的资金支持乡村振兴产业，巩固拓展脱贫攻坚成果。杂交构树是促进乡村产业振兴的一个重要抓手，符合政策支持范畴。

2024年3月15日，中国乡村发展志愿服务促进会发布《关于开展消费帮扶产品认定的公告》，在中西部地区开展消费帮扶产品认定工作。认定范围：在中西部22个省、自治区、直辖市开展，向国家乡村振兴重点县、脱贫县和革命老区、民族地区、边疆地区县倾斜。认定标准：中西部地区生产加工的，具有联农带农富农帮扶属性，质量符合国家标准，价格具有市场优势，每款产品商品价值量在50万元以上，能够持续或阶段性供货，可溯源并具备售后服务能力的特色优势农产品。经认定的消费帮扶产品，优先优惠参加促进会、帮扶网组织的消费帮扶、宣传推介、品牌培育等活动。可以在帮扶网免费开店（馆）销售；符合专柜销售条件的，可以推荐进入帮扶网组织的消费专柜销售；符合直播条件的，可以参加促进会、帮扶网组织的直播销售；确有必要的，可以与帮扶网签署服务协议合作销售。

杂交构树是本土特色新饲草资源，杂交构树产业是我国饲草产业的重要组成部分，对于推动畜牧业高质量发展，促进农牧民增收具有重要意义，是推进巩固拓展脱贫攻坚成果同乡村振兴有效衔接的特色优势产业，各地应因地制宜用足用好国家现有支持政策，稳步推进杂交构树产业发展。

第二节　杂交构树产业技术环境

一、耐寒品种创制

温度决定植物的地理分布和种植区域，影响作物的产量和品质，是影响植物生长发育的重要环境因素。作为重要的蛋白质饲料经济作物，杂交构树的种植范围和越冬生存也受到温度的严格限制，培育耐寒杂交构树品种具有重要的意义。研究人员通过生物技术手段，开展了 $BpPP2C60$、$BpADR1$ 基因的遗传转化，获得了 $BpPP2C60$、$BpADR1$ 过表达低温耐抗性增强的杂交构树植株，为培育低温耐抗性新品种提供了新种质。

PP2C磷酸酶是植物中一类重要的蛋白质磷酸酶，是信号转导的调节因子，可以被多种环境胁迫或发育信号激活，从而参与植物多种生长发育过程，在植物应对各种非生物胁迫时也发挥了重要作用。杂交构树低温磷酸化蛋白质组学数据表明，$BpPP2C60$ 蛋白在低温条件下磷酸化水平显著提高，$BpPP2C60$ 过表达株系与普通杂交构树的生根苗在正常生长状态下培养13天后，移入-4℃环境处理24小时后，二者同时出现叶片萎蔫的状态，恢复正常培养3天后，普通杂交构树死亡，而过表达株系可以继续存活下来。对生理生化指标进行测定，结果表明，正常生长情况下，$BpPP2C60$ 过表达植株与普通杂交构树植株各生理指标相似，低温处理后，$BpPP2C60$ 过表达植株中POD、SOD含量以及Fv/Fm的比值均明显高于普通杂交构树，而超氧阴离子含量、相对电导率以及MDA含量则明显低于普通杂交构树，说明 $BpPP2C60$ 过表达株系在低温状态下的受损伤程度明显降低。这些结果说明 $BpPP2C60$ 在低温应答过程中起着重要的作用，可以增强杂交构树对低温损伤的适应能力，过表达 $BpPP2C60$ 可以提高植株的耐低温能力。

NBS-LRR类是植物中的一类进化程度高且数量最多的广谱抗病基因，$ADR1$ 属于NBS-LRR类基因中的CC-NBS-LRR亚类，对构树转录组及定量

PCR分析发现，*BpADR1*表达水平受低温诱导，过表达*BpADR1*杂交构树植株具有更高的丙二醛（MDA）、过氧化物酶（POD）、超氧化物歧化酶（SOD）含量和光合作用效率Fv/Fm比值，而超氧阴离子含量显著低于野生型，表明过表达植株抗性生理机能得到增强。同时，低温转录组测序研究表明，过表达*BpADR1*杂交构树中上调基因数量明显多于野生型，特别是环境适应性途径的基因有明显增加。以上数据表明，过表达*BpADR1*杂交构树植株具有更高的耐寒性，是耐寒新品种优良的候选材料。

二、生物发酵饲料

杂交构树生物发酵饲料是通过添加一定量的酶制剂、微生物菌剂（如乳酸菌、枯草芽孢杆菌等）或菌酶协同进行发酵的饲料。微生物以杂交构树中的纤维素、半纤维素及木质素等有机碳水化合物为能量来源进行发酵，从而分解构树中的成分，使杂交构树原料软化，将有机碳水化合物转化为糖类，降低纤维性物质比例，同时发酵成乳酸和其他一些挥发性脂肪酸，并降解一部分的单宁等抗营养因子，提高畜禽对杂交构树的吸收利用率。杂交构树在微生物发酵利用过程中产生菌体蛋白，与本身的蛋白一起作为动物蛋白利用来源的基础，满足动物对蛋白营养的需求。杂交构树发酵后被软化、产生芳香性的气味，可以提高动物的适口性、增加采食量，大大提高动物对纤维素的利用率，促进动物胃肠道内源酶的分泌，促进饲料养分消化吸收，并能有效消除抗营养因子，从而促进动物代谢和生长。

（一）生物发酵饲料的制作方法

杂交构树青贮的设施采用青贮窖或微贮。养殖场一般用青贮窖进行青贮，其优点是节省成本，一次性贮存量大，适合牛、羊等食草动物用。青贮窖分地上、地下和半地下3种。微贮主要有裹包青贮和塑料袋装青贮。裹包青贮主要是用大型机械将构树切短或揉成丝状后，直接打包裹拉伸膜后贮存；或用机械切短并揉成丝状后拉到养殖场用裹包机进行青贮，这种方式可使杂交构树失去部分水分，更易贮存。裹包青贮的优点是成功率高，饲料不浪费，易做成商品料进行运输，缺点是成本较高。塑料袋装青贮适用于养殖量小的场户，比裹包青贮节省成本，缺点是一次性存贮量少，需要人工较多。

（二）生物饲料发酵时水分的控制

杂交构树收获后水分含量为70%~80%，蛋白质含量较高，糖分含量较少，不宜直接进行青贮。由于自然发酵的水分含量标准在65%~70%，因此杂交构树收获后视其水分状况，需进行适当晾晒才能进行青贮发酵。用于制作牛、羊等食草动物的饲料时，杂交构树收获后可以直接添加一部分干燥的禾本科植物如麦秸、玉米秸秆等来吸收其部分水分，且这些禾本科植物含有较高的糖分，有利于发酵；用于制作猪、鸡饲料时，最好是将杂交构树切短后，运输到养殖场进行磨碎，加入谷物、糖类等促进其发酵。

（三）发酵剂的选择

杂交构树青贮时应根据所贮原料及微贮菌种的性质来选择合适的发酵剂，选用含有乳酸杆菌和芽孢枯草杆菌的菌剂较为实用，二者具有协同作用。大部分微生物完成对饲草料发酵的时间在20天左右，也有在1周左右完成发酵的。选择时应根据需要量和需要程度考虑选择合适的微生物制剂。添加微生物可缩短酵贮的时间，抑制其他杂菌的生长，做出的青贮饲料品质更优。

（四）青贮的装填、压实和密封

经揉切后的杂交构树原料应尽快入窖，每层厚度为20~30厘米，均匀撒布菌剂，并逐层压实，压实后的原料高于窖口40厘米以上进行封口。装窖尽可能在短时间内完成，小型窖要当天完成，大型窖最好不超过3天完成。当天未装满的窖，必须盖上塑料薄膜压严，第2天揭开薄膜继续装窖。青贮窖装满后用青贮专用塑料薄膜立即密封、压实。塑料薄膜重叠处至少应交错1米，并用青贮专用胶带密封。封窖后，应定期检查窖顶和窖口，注意防范鼠类、鸟类破坏，如发现下沉或有裂缝，应及时修补。

（五）青贮发酵后的品质鉴定

杂交构树经过发酵工艺后，不仅鲜嫩多汁容易保存，而且具有较高的营养价值，更容易被动物消化吸收。品质好的青贮料拿到手中比较松散、柔软、湿润，无黏滑感；品质低劣的青贮料会出现结块、发黏；有的虽然松散，但质地粗硬、干燥，属于品质不良的饲料。在封窖35~45天后应对发酵饲料进行品质鉴定。

三、采加机械设备

杂交构树采加机械设备产业的技术环境是一个不断发展和变化的领域，它受到多种因素的影响，包括技术创新、市场需求、政策支持、农业结构调整等。以下是对杂交构树采加机械设备产业技术环境的详细分析。

（一）机械化技术与农艺融合技术

杂交构树属于一年种植，多年多次连续收获的农业种植模式，土地的整理只有种植前进行，种植收获后不再进行土壤的耕耘，后期的耕、种、管、收等机械多次进地会对土地碾压，造成土壤压实，降低土壤的孔隙度，影响土壤的通气性和渗透性，这可能导致作物根系发展受阻，减少根系对水分和养分的吸收，从而影响杂交构树的生长环境和产量。由于杂交构树的种植收获特殊性，需要种植农艺与耕、种、管、收等机械作业方式的深度融合，通过整合农业机械化技术和杂交构树种植农艺技术，综合考虑作物生长需求、土壤条件和机械作业特点，创新适合的农机、农艺融合技术，从而实现杂交构树种植产业的高效、优质、可持续发展。农机农艺融合是一项系统工程，需要长期的努力和不断的创新，通过加强农机农艺融合，可以为实现杂交构树产业做大做强创造有利条件。

减少机器碾压影响的农机农艺融合技术主要体现在如下几个方面。

（1）适合机械化作业的种植方式，根据农业机械的轮距采用垄作方式，让农业机械的轮胎行走于垄沟内，避免碾压杂交构树的根系。合理安排机械作业的时间和方式，避免在作物生长关键期进行重型机械作业。

（2）土壤改良：通过施用有机肥料、石灰等改良剂，提高土壤的结构和肥力，减轻机械碾压的负面影响。

（3）选择适宜机械：根据田地条件和作物特性选择适宜的农业机械，耕、种、管、收等农机采用统一轮距的机械，避免使用过重或不适宜的机械。

（4）研发或改进专用的杂交构树农用机械，采取轻简化设计、智能化设计，减轻机器的重量。

（二）技术创新与迭代升级

杂交构树采加机械设备的技术进步是一个递进式的过程，田间收获机械从最初的人工背负式割灌机到青饲料收获机改装的杂交构树收获机，再到目前专用的自走式杂交构树收获机，每一次技术的迭代都是为了满足更高的作业效率和更好的收获效果。由于杂交构树的收获特殊性，采加机械装备与其他收获机械具有显著的不同，采加机械设备既要体现出高效的作业性能，还要体现出对根系的低扰动保护性能，技术创新不仅包括机械结构的改进，还包括智能化、自动化、整机轻简化技术的应用。

杂交构树采加机械设备的技术进步主要体现在以下几个方面：

（1）根系低扰动、低损伤平茬技术：采用更合理的机械结构，避免平茬过程中对下部根系的拉扯损伤。采用更先进的喂入量智能控制技术，实现整机轻简化布置，减少机器的重量，减轻对根系的碾压损伤，保证作物再生产的产量。

（2）自动化与智能化：随着信息技术和自动化技术的发展，杂交构树采加机械设备开始集成更多的智能控制系统，如喂入负荷控制与行走速度自动匹配、茎干切断揉搓、监控报警等先进功能，提高了作业效率和安全性。

（3）效率提升：新型杂交构树收获机的设计更加注重提高作业效率，如通过优化喂入负荷、喂入量和切碎抛送装置的设计，实现更高的收获效率。

（4）节能环保：在环保要求日益严格的背景下，杂交构树采加机械设备的研发也在考虑如何减少能耗和排放，采用更加环保的材料和工艺。

（5）地域适用性：杂交构树收获机的种植多在非标准农田进行，南方地区坡地、台地居多，且收获期间雨水多，田地泥泞，轮式机器不适合作业。而北方地区多在半沙化的边际土地种植，两驱底盘适应性差，可采用适合南方地区的履带液压驱动底盘技术和适合北方地区的轮式四驱液压驱动底盘技术的收获机械，以提高地域的适用性。

（三）市场需求与适应性

杂交构树采加机械设备的技术发展必须适应市场需求。随着畜牧业的发展和农业结构的调整，对杂交构树采加机械设备的需求不断增长，特别是在大型农场和合作社中，对高效、自动化程度高的杂交构树采加机械设备的需求更为迫切。

（四）政策支持与引导

政府对农业机械化的扶持政策，如购机补贴、技术研发支持等，对杂交构树采加机械设备技术的发展起到了推动作用。在这样的技术环境下，杂交构树采加机械设备企业需要不断提高产品质量和技术水平，满足市场需求。

（五）环保与可持续发展

环保和可持续发展的要求也对杂交构树采加机械设备产业产生了影响。机械制造商需要研发更加环保的采加机械设备，如减少粉尘排放、降低噪声、提高能源利用效率等，以满足社会对环保的期待。

（六）竞争与合作

杂交构树采加机械设备产业内部的竞争与合作也在不断推动技术的发展。企业之间的竞争固然促使各方加大研发投入，推动技术进步，而合作则有助于资源共享、风险分担，共同推动产业的发展。

综上所述，杂交构树采加机械设备产业的技术环境是一个多元化、动态变化的环境，需要制造商不断适应和引领市场变化，通过技术创新和产品升级来满足不断变化的市场需求。

四．技术标准

（一）团体标准

在中国扶贫发展中心、浙江省、河南省等省份或部门推动下，相关学会团体组织科研院所、大专院校和企业等单位起草编写杂交构树产业相关技术规范。自2019年在全国团体标准信息平台发布第一批以来，共有21项，其中，由北京华夏草业产业技术创新战略联盟发布16项，浙江省农产品质量安全学会发布3项，北京生物饲料产业技术创新战略联盟、河南省肉类协会各发布1项（表2-2）。2023年没有新增。

表2-2　杂交构树国家团体标准一览表

序号	团体名称	标准编号	标准名称	公布日期
1	北京华夏草业产业技术创新战略联盟	T/HXCY 001-2019	构树青贮技术规程	2019-01-30
2		T/HXCY 002-2019	构树干草调制技术规程	
3		T/HXCY 003-2019	构树青贮质量分级	
4		T/HXCY 004-2019	构树干草质量分级	
5		T/HXCY 005-2019	构树饲用技术规程 肉牛	
6		T/HXCY 006-2019	构树饲用技术规程 奶牛	
7		T/HXCY 007-2019	构树饲用技术规程 肉羊	
8		T/HXCY 008-2019	构树饲用技术规程 猪	
9	浙江省农产品质量安全学会	T/ZNZ 101-2020	生态优品 饲料原料 构树半干青贮饲料	2020-04-01
10		T/ZNZ 102-2020	生态优品 构树袋装青贮技术规范	
11		T/ZNZ 103-2020	生态优品 构树种植技术规范	
12	北京华夏草业产业技术创新战略联盟	T/HXCY 004-2020	构树饲用技术规程 草鱼	2020-05-06
13		T/HXCY 005-2020	构树饲用技术规程 鹅	
14		T/HXCY 006-2020	构树饲用技术规程 鸡	
15		T/HXCY 007-2020	构树饲用技术规程 驴	
16		T/HXCY 008-2020	构树饲用技术规程 肉鸭	
17		T/HXCY 009-2020	构树饲用技术规程 兔	
18		T/HXCY 020-2020	杂交构树组培快繁技术规程	2020-08-07
19		T/HXCY 022-2021	近红外法测定构树青贮饲料粗蛋白含量操作规程	2021-10-27
20	北京生物饲料产业技术创新战略联盟	T/CSWSL 024-2020	饲料原料 发酵构树	2022-04-15
21	河南省肉类协会	T/HNSMA 002-2022	发酵构树饲喂与畜产品品质评价技术规范	2022-08-15

注：引自全国团体标准服务平台（http://www.ttbz.org.cn/）。

（二）地方标准

各地政府根据杂交构树发展的需要，制定了地方标准，由地方市场监督管理局发布。省级标准有4项，其中，甘肃2项，江苏1项，广西1项。市级标准有2项，河南濮阳和云南大理各1项。2023年没有新增发布（表2-3）。

表2-3　杂交构树地方标准一览表

序号	省市区	标准编号	标准名称	批准日期
1	甘肃省	DB62/T 4158-2020	杂交构树青贮饲料技术规程	2020-07-24
2		DB62/T 4157-2020	杂交构树袋装发酵饲料生产技术规范	
3	江苏省	DB32/T 3855-2020	构树组织培养技术规程	2020-10-13
4	广西壮族自治区	DB45/T 2351-2021	杂交构树生产与饲喂利用技术规程	2021-07-27
5	濮阳市	DB4109/T 021-2021	杂交构树发酵饲料技术规程	2021-08-06
6	大理白族自治州	DB5329/T 83-2022	杂交构树袋装青贮饲料加工技术规范	2022-04-24

注：引自地方标准服务平台（https://dbba.sacinfo.org.cn/）。

（三）企业标准

自2018年以来，共22家企业发布了31项企业标准，包括杂交构树组培育苗、组培种植、收割机、青贮发酵、饲料加工、养殖（猪、牛、羊、鸡、鹅、鱼、小龙虾）、茶叶、烘干设备等，其中2023年有6家企业发表了6项企业标准，包括杂交构树栽培管理、收获机、青贮发酵、热泵干燥、保健液等（表2-4）。

表2-4　杂交构树企业标准一览表

序号	企业名称	标准编号	标准名称	发布日期
1	成都安之源生态科技有限公司	Q/MA6CPYKEXD.1-2018	饲料原料 构树青贮饲料	2018-08-23
2	魏县林盛农业科技发展有限公司	Q/wxls01-2018	杂交构树饲料	2018-11-23
3	山东好百年绿色生态产业园有限公司	Q/371500HBN002-2019	含阿胶构树养生茶	2019-03-13

续表

序号	企业名称	标准编号	标准名称	发布日期
4	贵州中魁农业(集团)中林农业发展有限公司	Q/520382ZLNY001-2020	杂交构树饲料	2020-02-22
5	湘潭华阳构树产业发展有限公司	Q/430321XTZ001-2020	饲料原料 构树青贮发酵饲料	2020-10-26
6	陕西鑫诚大唐畜牧有限公司	Q/002-2021	混合型饲料添加剂 嗜酸乳杆菌（杂交构树青贮用）	2021-01-25
7	河南省鼎鸿盛构树生物科技有限公司	Q/PBYD002-2021	畜禽、反刍复合预混合饲料	2021-03-15
8		Q/PDS001-2020	饲料原料 构树青贮发酵饲料	2022-05-16
9	聊城市开发区娄彩农林牧专业合作社	Q/LKQC 0001S-2021	构树茶	2021-04-30
10	安徽宝楮生态农业科技有限公司	Q/AHBC0206-2020	猪用构树生物发酵饲料	2021-08-26
11		Q/AHBC0411-2020	发酵构树中乳酸菌总数检测方法	
12		Q/AHBC0309-2020	肉用麻黄鸡构树生物发酵饲料	2021-08-31
13		Q/AHBC0205-2021	鲫鱼构树生物发酵饲料	2022-06-13
14		Q/AHBC0308-2021	皖西白鹅构树生物发酵饲料	
15		Q/AHBC0801-2021	构树小龙虾生产技术规范	
16	贵州务川科华生物科技有限公司	Q/520326 KHSW—001-2021	杂交构树组培快繁技术规程	2021-11-08
17	山东润韵科技发展有限公司	Q/RY 0001S-2021	富硒构树茶	2021-11-29
18		Q/SDRYKJ 001-2022	构树泡脚包	2022-08-22

续表

序号	企业名称	标准编号	标准名称	发布日期
19	贵州阳光草业科技有限责任公司	Q/520113000000YGCYKJ·07-2021	杂交构树栽培技术规程	2022-01-10
20		Q/520113000000YGCYKJ·08-2021	全株杂交构树厌氧发酵饲料制作技术规程	
21		Q/520113000000YGCYKJ·09-2021	杂交构树青贮饲喂肉牛肉羊技术规程	2022-01-10
22	甘肃傲农饲料科技有限公司	Q/ANSL07-2020	杂交构树发酵饲料	2022-05-11
23	成都臻植生物科技有限公司	Q/50532138-06.28-2022	饲料原料 构树茎叶粉	2022-07-13
24	洛阳农发生物科技有限公司	Q/LYNF003-2022	杂交构树培育技术规程	2022-09-13
25	大理一品高原农业有限公司	Q/DLYP000-2022	杂交构树颗粒饲料	2022-11-04
26	农昊中医农业(广东)有限公司	Q/NHZYNY004-2023	饲料原料松针粉、龙脑樟、狼尾草(皇竹草)、构树茎叶青贮饲料	2023-02-26
27	中科创构(北京)科技有限公司	Q/110108ZKCG0002-2020	杂交构树栽培管理技术规程	2023-03-02
28	中国农业机械化科学研究院集团有限公司	Q/CY NJY001-2023	杂交构树收获机	2023-03-02
29	山西大槐树生物科技股份有限公司	Q/SXDH 003-2023	大槐树®构树保健液	2023-04-10
30	常州博睿杰能环境技术有限公司	Q/CZBR-GSJSGF-2023	杂交构树热泵干燥技术规范	2023-05-10
31	众望所归科技集团有限公司	Q/ZWSG001-2023	构树发酵饲料生产技术规程	2023-05-31

注：引自企业标准信息公共服务平台(https://www.qybz.org.cn/)。

第三节　杂交构树产业市场需求

一、杂交构树种苗市场分析

杂交构树种苗是杂交构树产业发展的基础。杂交构树种苗生产的质量、数量，以及生产性辅料的使用，都将直接影响到杂交构树生产的产量、效益、种植效果和产业经济效益。杂交构树种苗生产的规模和技术水平在一定程度上反映了整个产业的发展水平。

（一）发挥杂交构树种苗生产主体优势

自构树扶贫工程实施以来，极大地带动了市场对杂交构树种苗的需求，国内从事杂交构树种苗生产的企业日益增多。许多企业、科研单位充分发挥种苗生产的优势，在"科构101"组培苗的基础上，提高育种育苗技术、栽培管理技术等，促进了种苗的产量提升和生产效率提升等，为杂交构树扶贫工程和杂交构树乡村振兴产业发展提供种苗保障。

（二）增加杂交构树种苗培育品种

近年来，杂交构树良种繁育和推广迅速发展，一方面是科研院所良种资源的优化升级，另一方面是企业常规繁殖技术的提升，杂交构树种苗整体繁育水平不断提高。还有杂交构树耐寒性品种的培育和种植试验，旨在提升品种适应性和扩大种植区域。

（三）布局建设杂交构树种苗繁育基地

杂交构树种苗的生产与气候环境和土地情况紧密相连，因地制宜、以点带面地建设种苗繁育基地，有利于产业整体布局，协同发展。目前我国杂交构树种苗产能最大的省份是贵州省，可年产优质杂交构树组培苗上亿株，种植成活率达到90%。杂交构树产业适合规模化推广，下一步可在种植大区如黄河中下游滩区、滨海盐碱地、新疆南疆等地逐步布局建设规模化育苗基地，大力推进杂交构树大农业模式，以促进杂交构树产业规模化发展。

二、杂交构树饲草料市场分析

（一）杂交构树蛋白料产量和供需分析

杂交构树作为饲料原料的新来源在我国牛、羊养殖业实现新突破，不仅能提高肉质、改善口感，还能降低成本，增加收益。从人类养殖业发展史的角度看，也从根本上实现了从目前的草本饲料如"谷饲"和"草饲"拓展到木本饲料"树饲"的一种新的标志性突破。据不完全数据统计，杂交构树亩产鲜重约6吨，折算成净蛋白质，亩产约300千克，相当于大豆亩产净蛋白质的5倍，是我国实施豆粕减量替代工程的有效途径之一。预计到2025年，杂交构树保有面积可达到100万亩，年产量可达600万吨（6吨/亩×100万亩）。若完全加工为全株干粉或干草饲料，预计可加工制作180万吨（600万吨×30%DM）；若完全加工为叶粉和茎粉饲料，可制作叶粉122.4万吨（600万吨×30%DM×68%）、茎粉57.6万吨（600万吨×30%DM×32%）。

（二）杂交构树全日粮饲料产量和供需分析

以奶牛为例，产奶牛日粮中杂交构树青贮适宜添加比例为5%~15%，平均干物质采食量25千克，日采食杂交构树青贮按3.75千克计算，按2022年底620万头产奶牛计算，全国杂交构树青贮需求量估计为每天2325万吨，年需求量估计为每年848625万吨。预计2025年能达到680万头产奶牛，杂交构树青贮需求量为每天2550万吨，年需求量估计为每年930750万吨。

（三）杂交构树养殖业发展趋势分析

奶牛方面，近年来我国奶牛养殖规模化不断推进，全国奶牛数量持续增长，据国家奶牛产业技术体系统计，2022年底奶牛存栏约620万头，预计2025年能达到680万头。

肉牛方面，2023年，全国肉牛出栏5023万头，比上年增加184万头，增长3.8%，为自2017年以来最高出栏量，且逐年增长，首次突破5000万头；比2017年增加683万头，增长15.7%。2023年，全国牛肉产量753万吨，比上年增加34万吨，增长4.7%，为自2017年以来最高产量，且逐年增长，首次突破750万吨；比

2017年增加118万吨，增长18.6%。但目前我国牛肉产量只满足国民需求的85%，仍有大量牛肉靠进口。

肉羊方面，我国肉羊养殖基础好，2022—2023年中国肉羊生产稳定发展，出栏量与产量持续增长，但存栏量和净利润出现下降。2023年末，全国羊存栏32233万只，比上年末减少395万只，下降1.2%；出栏33864万只，比上年增加240万只，增长0.7%，为自2017年以来最高出栏量。从羊肉产量看，2023年达531万吨，较上年度增加7万吨，同比增长1.3%，为自2018年以来最高产量，且逐年增长，连续3年超500万吨，供方、产能、市场，三驾马车齐头并进，羊肉进口规模也在不断扩大。

生猪方面，我国生猪饲养量和猪肉消费量居世界第一位，2023年生猪出栏保持增长，存栏有所下降，据国家统计局数据，2023年末，全国生猪存栏43422万头，出栏72662万头，比上年增加2668万头，增长3.8%，为自2016年以来最高出栏量，突破7亿头。2023年全国猪肉产量5794万吨，比上年增加253万吨，增长4.6%，为自2016年以来猪肉最高产量。

家禽方面，据国家统计局数据，2023年，全国家禽存栏67.8亿羽，比上年末增加0.1亿羽，增长0.1%，出栏168.2亿羽，比上年增加6.9亿羽，增长4.3%。2023年，全国禽肉产量2563万吨，比上年增加120万吨，增长4.9%。2023年，全国禽蛋产量3563万吨，比上年增加107万吨，增长3.1%。家禽出栏量、禽肉产量均为自2016年以来最高产量，且逐年增长。

总体来看，2023年，全国猪、牛、羊、禽肉产量9641万吨，比上年增加414万吨，增长4.5%，为自2017年以来最高产量。牛、羊、禽生产稳定发展，生猪出栏保持增长。未来随着居民肉类消费结构的升级，猪、牛、羊、禽肉消费量还将进一步增加。杂交构树能为畜禽提供优质的蛋白质，牛羊养殖对杂交构树青贮的需求量会逐步提升，生猪养殖对杂交构树饲料青贮或加工成草粉与其他饲料原料搭配制成的颗粒饲料的需求量也有很大的增长空间。

三、杂交构树养殖畜产品市场分析

随着人们对健康饮食的追求，杂交构树养殖以其绿色、健康、营养，高端养殖畜产品猪、牛、羊、鸡等市场呈现出强劲的增长态势。

1. 市场规模与增长趋势。据统计，近年来杂交构树养殖畜产品市场规模逐年扩大，以肉类为例，2023年的市场消费量达到了1.8万吨，同比增长80%。预计未来几年，该市场仍将保持稳定的增长速度。

2. 消费者对养殖畜产品的需求日益多样化。一项全球性的消费者调查显示，超过60%的消费者更愿意选择绿色、有机或无抗生素的食品。针对特定杂交构树养殖畜产品的调查表明，例如猪肉、鸡蛋，有50%～65%的消费者更愿意选择这类产品，此外，消费者对于品牌和产地的关注度也在不断提升。

3. 杂交构树养殖的畜产品与传统饲料养殖的畜产品在市场上竞争比较激烈，主要体现在产品质量、品牌建设和供应链管理等方面。目前，市场上杂交构树养殖的畜产品主要参与者包括重庆东水蓝农业开发有限公司、魏县林盛农业科技发展有限公司、安徽宝楮生态农业科技有限公司、湖北小构叶生物科技有限公司、中植构树（菏泽）生态农牧有限公司、四川郎布克农业科技发展有限公司、河北北构农业科技有限公司、重庆友邻康生物科技有限责任公司及温州市鲸头蔬菜种植专业合作社等，其市场份额约为55%。

4. 价格走势与价格波动是养殖畜产品市场的一个重要特征。受供需关系、成本等因素影响，杂交构树养殖畜产品的价格在过去一年中呈现出略有降低的趋势。

5. 市场机遇与挑战。消费升级和健康饮食观念的普及为杂交构树养殖畜产品市场带来了广阔的发展机遇。然而，行业也面临着疾病防控、环境污染等挑战。

6. 未来发展趋势，杂交构树养殖畜产品市场将朝着规模化、标准化、智能化方向发展。预计到2026年，规模化养殖的比例将达到50%。同时，科技创新将在提升产品质量和安全水平方面发挥更大的作用。

通过以上分析可以看出，杂交构树养殖畜产品市场具有巨大的潜力，但也需要企业不断提升自身竞争力，以适应市场变化和满足消费者需求。

第四节　国内外同行业比较优势与劣势

杂交构树不仅具备适应性强、速生、高产、耐砍伐等优势，而且具有蛋白质含量高、营养丰富、适口性好等特点，是我国畜牧业可持续发展的必要选择和重要推动力。杂交构树作为畜禽饲料，不仅能提高动物的生产性能和免疫力，还能降低养殖成本。因此，积极发展杂交构树产业将有望解决我国畜牧业饲料供给方面的多项挑战，尤其是优质蛋白饲草短缺的问题。杂交构树产业虽然尚处于起步发展阶段，但与传统的蛋白饲料如紫花苜蓿和木本饲用桑相比，具有诸多的优势和特点。

一、国际上与紫花苜蓿比较

紫花苜蓿作为全球种植最普遍的牧草之一，被广泛用于牛肉和奶制品的生产，在全球饲料市场占据主导地位。乳制品行业的快速增长是国内苜蓿需求的主要驱动力。根据《中国草业统计年报》，我国2022年紫花苜蓿年末保留面积达2714.96万亩，当年新增面积219.39万亩，干草总产量1542.4万吨，其中青贮量110.6万吨。但仍不能满足需求，进口苜蓿仍占据国内优质苜蓿较大的市场份额。

美国是全球最大的紫花苜蓿生产国、消费国和主要出口国，是美国种植最为广泛的作物之一。2022年，美国苜蓿种植面积约625.6万公顷，是仅次于玉米和大豆的第三大作物。中国目前是苜蓿干草的主要进口国，从2009年到2022年，进口美国苜蓿从8.27万吨增加到180万吨，进口额从2500万美元左右增长到7.09亿美元，在短短12年内增长了27倍多，平均每年增长近5300万美元，并且受中美关系和国际供应情况影响，进口价格波动较大，总体保持在高位。中国从美国进口的苜蓿显著增加，主要是由于中国乳制品行业的结构性变化，从小型奶牛场转向现代化的大型奶牛场。由于质量、价格和全年供应的一致性，这些奶牛场更趋向以进口苜蓿作为重要的饲料。

杂交构树与紫花苜蓿相比，具有多个比较优势。在种植生产上，紫花苜蓿主要分布在华北和西北地区，而杂交构树在我国暖温带、亚热带、热带地区均可种植，且生长快、产量高，每年亩产鲜重饲料高达6吨以上，干重2吨左右，净蛋白总量可达约400千克，是大豆每亩年产净蛋白总量的7倍，高于紫花苜蓿。

目前，杂交构树的加工和原料形式多为青贮发酵料。通过青贮发酵不仅能显著改善杂交构树的适口性和消化性能，还能解决青绿杂交构树的长期贮存问题。青贮发酵能降解杂交构树中的粗蛋白、粗纤维、淀粉等难以消化的大分子，并且，青贮过程中还会产生大量芳香族化合物，提高杂交构树的适口性。

2020年3月，中国扶贫发展中心委托国家权威机构生物饲料开发国家工程研究中心做《杂交构树饲料与苜蓿草饲料主要营养成分对比分析评价报告》，如表2-5所示，在常规营养成分方面，青贮杂交构树粗蛋白、粗脂肪、钙和磷含量分别为21.15%、4.9%、1.74%、0.36%，分别高出3.15%、1.9%、0.34%和0.07%；粗纤维、中性洗涤纤维和酸性洗涤纤维含量分别为28.3%、46.72%、32.64%，后二者皆低于青贮苜蓿。在微量元素方面，青贮杂交构树的铁、镁含量显著高于青贮苜蓿，分别高出4倍和2.3倍；青贮杂交构树的锰含量略高于青贮苜蓿，而铜、锌和钴含量略低于青贮苜蓿。

由此可见，杂交构树作为一种非常规饲料营养价值高，在目前蛋白质饲料资源紧张的情况下，在日粮中使用杂交构树青贮100%替代苜蓿干草，对奶牛的干物质摄入量、产奶量和牛奶成分无影响，并且饲料中额外添加杂交构树青贮，能在显著提高奶牛产奶量的同时，降低牛奶体细胞数量，改善抗氧化能力。在奶山羊的生产中加入19.8%的杂交构树青贮能降低饲料成本，增强动物抗氧化能力。

表2-5 青贮杂交构树和青贮苜蓿的营养成分比较（以干物质基础）

项目，单位	青贮杂交构树	青贮苜蓿LY
粗蛋白，（%）	21.15	18
粗脂肪，（%）	4.9	3
粗纤维，（%）	28.3	28
中性洗涤纤维，（%）	46.72	49
酸性洗涤纤维，（%）	32.64	37
粗灰分，（%）	10.7	9
钙，（%）	1.74	1.4
磷，（%）	0.36	0.29
铜，（mg/kg）	10.6	11
铁，（mg/kg）	1400	280
锰，（mg/kg）	68	50
锌，（mg/kg）	29	41
镁，（%）	1.09	0.33
钴，（mg/kg）	0.23	0.6

注：青贮杂交构树检验报告NO. WJ181327；LY数据来自中国饲料成分及营养价值表（2019年第30版）。

在经济效益方面，日粮添加杂交构树青贮饲料，显著降低了饲料成本，提高了养殖利润。此外，杂交构树叶中含有约15.5g/kg的单宁，约为苜蓿的两倍。反刍动物在短时间内以大量苜蓿为食，由于苜蓿的快速消化产生大量气体，会出现"胀气"，严重时可能导致死亡。在饲料中添加单宁能有效防治胀气。研究证实在紫花苜蓿中添加构树叶能减少产气，从而防治胀气，并在消化过程中产生更多短链脂肪酸，可改善动物健康。

综上所述，杂交构树青贮营养丰富，含有一定量的单宁，是苜蓿干草优良的替代、补充品，能有效解决我国畜牧业苜蓿生产不足和依赖进口的短板，解决我国进口苜蓿和大豆面临的"卡脖子"问题。

二、国内与木本饲料桑比较

饲料桑是在原有桑树乡土树种基础上，经杂交选育的多年生木本饲用植物，用于家蚕、畜禽等养殖。饲料桑具有生长速度快、产量高、适应性强、水土保持能力强等特点，广泛分布于我国各地，种植面积约有100万公顷，长江流域地区每年每亩产桑叶2吨，珠江流域3吨左右。

饲料桑与杂交构树均为我国木本饲料中效益较好的新型品种，两者同属桑科植物，在木本蛋白质饲料这一生态位中，存在相互并行发展状态。在种植生产方面，高产桑园每年产鲜叶量可达3吨/亩，其蛋白质产量相当于大豆蛋白质的1~2倍，低于杂交构树。在耐寒冷性和越冬性方面，饲料桑好于目前推广的杂交构树"科构101"，但中国科学院植物研究所已培育出了耐寒抗冷新品种"科构102"，能提高杂交构树的耐寒性和越冬性。

在营养价值方面，桑树叶中粗蛋白质含量约21.9%，略低于杂交构树；桑树叶中含粗脂肪2.4%，粗纤维14.5%，碳水化合物51.8%，粗灰9.4%，与杂交构树类似。在抗营养因子方面，桑叶植酸含量16.1g/kg、皂苷含量82g/kg，分别是杂交构树的16.7倍和3.4倍。由于植酸能在肠道中与多种必需矿物质螯合，导致其生物利用率低，并降低消化酶活性；而皂苷能减少肠道对营养物质的吸收，降低饲料消耗量和动物产量，饲料桑过高的植酸和皂苷含量成为其发展的最大限制因子。此外，桑叶的单宁含量仅为杂交构树的一半，而适量的单宁能有效减少反刍动物的胀气现象。在养殖应用中，两者作为补充料或苜蓿替代品，均能不同程度改善饲料转化率、畜禽的生长性能和动物产品质量。

通过各种因子综合比对，杂交构树全株比饲料桑全株蛋白质含量高、产量高、抗营养因子低，更有利于饲草料加工与养殖。在产业体系上，杂交构树育苗产业已具有成熟的组培快繁技术，并建立了高效组培工厂化育苗体系，年产种苗能力在8亿株以上。杂交构树生态农牧产业以"构-饲-畜"模式，覆盖饲料生产和下游畜禽养殖，形成如"楮木香""大别山构香猪""大别山构香鸡""大别山构香鸡蛋"等特色产品，与饲料桑在产业发展路线上存在同质性，对促进我国畜牧业高质量发展具有异曲同工的效果。饲料桑因有几千年蚕桑的发展，有较好的产业、社会、公众基础，推广应用中有得天独厚的先天优势，先于杂交构树的产业化过程，有很多成功经验和有效做法，值得参照借鉴。

第三章

杂交构树产业发展
重点区域

第一节　河南产区

一、自然特征

河南省南北纵跨530千米，东西横越580千米，全省总面积16.7万平方千米。地势西高东低，北、西、南三面是太行山、伏牛山、桐柏山、大别山沿省界呈半环形分布，中东部为黄淮海冲积平原，西南部为南阳盆地。平原和盆地、山地、丘陵分别占总面积的55.7%、26.6%、17.7%。河南省地处中原，地域辽阔，交通便利，矿产资源相当丰富。在自然环境中，水热条件较好，土层深厚，耕地面积大，但处于过渡地带，旱、涝灾害对农业生产制约明显。

（一）气候资源

河南地处暖温带和北亚热带的交会地区，具有明显的过渡性特征。省内大部分地处暖温带，南部跨亚热带，属北亚热带向暖温带过渡的大陆性季风气候，同时还具有自东向西由平原向丘陵山地气候过渡的特征，具有四季分明、雨热同季等特点，对各种作物生长发育及养分积累都十分有利。由于各地纬度和地形不同，使南部与北部、山地与平原的气候差异明显，有利于多种栽培作物和各种野生的名贵特有动、植物繁衍，又由于地处南北气候的过渡地带，加之大陆性季风气候明显，冷暖气流交替频繁，造成降水变率大，因而干旱、雨涝、干热风、暴雨、霜冻等自然灾害经常发生，危害极深，使农业生产难以稳定。

（二）水资源

河南水资源来路广、种类多、水质也较好，但可利用量不大，人均、亩均水量都在全国末几位。全省地表水资源多年平均为313亿立方米，浅层地下水为204.7亿立方米，扣除两者重复计算量，实际合计为113.9亿立方米。由于降水的不均匀性和控制调节条件的限制，水资源的实际可供水量比上述还少得多。河南过境水较多，是重要的补充水源，实测多年平均过境地表水量为474亿立方米，相当于地表径流量的1.5倍。

（三）土地资源

河南土地的开发历史悠久，类型复杂多样，平原多于山地，人为作用强，但土地数量有限，分布不均，贫瘠土地较多。全省土地面积居全国第17位，耕地为11271.10万亩，居全国第三位。土地资源的地域分布差异明显。

（四）农业情况

作为全国重要的农业大省，河南是全国粮食生产核心区、生猪家禽主产省份、大宗经济作物优势产区，农林牧渔业总产值突破万亿元、居全国第二位。河南用全国1/16的耕地，生产了全国1/10的粮食、1/4的小麦，是全国五大粮食净调出省之一，每年调出原粮及制成品600亿斤左右。2022年粮食总产量1357.87亿斤、居全国第二位，粮食产量连续6年稳定在1300亿斤以上。小麦产量和制种能力均居全国首位，油料、蔬菜产量分别居全国第一位、第二位，农机总动力居全国第二位。河南还生产了全国1/2的火腿肠、1/3的方便面、1/4的馒头、3/5的汤圆、7/10的水饺，实现了从"中原粮仓"到"国人厨房"和"世人餐桌"的蝶变。

河南是我国农业大省，农副产品资源十分丰富。只要善于综合利用这些资源作为原料，发展食品工业的潜力很大。河南人口众多，随着生产发展和群众生活水平的提高，膳食结构也发生较大改变，为食品工业的发展提出了新的要求和广阔的市场。食品工业是一项投资少、见效快的劳动密集型的产业。农村剩余劳动力持续不断地增多，也为食品工业发展提供了允裕的劳动力资源。以上情况表明，选择食品工业作为经济发展的重点是完全符合河南省情的。河南食品工业现已初具规模，只要充分利用现有条件，狠抓企业技术改造，用先进设备武装企业，加强企业管理，食品工业的落后面貌将会很快得到改变。

二、产业发展现状

（一）技术支撑

1. 杂交构树国家创新联盟

2019年11月，由河南省林业科学研究院牵头，河南省高新技术实业有限公司、湖南德荣林业有限公司、北京天地禾木林业发展有限公司、南阳卉农生物科技有限公司等20余家构树龙头企业组成的"构树国家创新联盟"经国家林业和草原局批复正式成立。联盟以服务林业建设为宗旨，充分调动各成员单位的积极性，按照科技创新战略的要求，在国家林草局科技司和河南省林业局的指导下，充分发挥联盟成员的科研资源优势，为构树产业发展作出新的贡献。

2. 河南省构树产业工程研究中心

2023年2月，河南省科技厅公布了2022年度河南省工程技术研究中心的认定建设名单，由构树国家创新联盟副理事长单位河南省高新技术实业有限公司（河南省科学院直属单位，以下简称"高新公司"）组建的"河南省构树产业工程研究中心"正式获批。该工程技术研究中心以构树全产业链技术攻关为核心，重点攻克构树全产业链的具体问题，包括优质品种选育、种苗繁育、种植、采收、储存、加工、养殖以及畜禽产品品质评价等各环节发展中的技术瓶颈，形成构树饲料的产业化、规模化、标准化、发展体系，建立构树全产业链标准化示范区，为构树特色产业的发展提供标准化、实用化的技术支撑。高新公司将依托"河南省构树产业工程研究中心"的建设，积极开展构树产业共性技术及构树畜禽产品开发的相关研究，同时整合、培养构树产业专业技术人才，对构树全产业链技术问题进行跟踪，从育苗、组培、种植、采收、加工、饲喂等全过程进行技术服务与技术指导，打造构树全产业链技术支撑队伍，形成综合全面的社会服务能力，推动河南乃至全国构树产业健康、快速发展。

（二）产业现状

河南为畜牧大省，蛋白饲料需求量极大。高峰时期，全省种植杂交构树5.5万亩，分布在兰考县、内乡县、社旗县、西华县、淮滨县、太康县、伊川县等26个县。省内形成了组培、炼苗、大田种植、青贮、深加工等全产业链，带动2137个贫困户实现年户均增收8000元左右。在2020年，为进一步做好精准扶贫工作，河南省提出将大力推进构树扶贫工程，省财政每年将拿出3000万~5000万元，对杂交构树发展好的市县进行奖补，努力将河南打造成杂交构树产业的特色基地。

　　河南省兰考县是国务院确定的构树扶贫工程试点县。兰考万亩杂交构树产业园打造了杂交构树全产业链生态种养一体化发展模式，园区规划种植面积5万亩，是一个集杂交构树的育苗、种植、推广和生态饲料开发，畜牧养殖、农副产品加工以及构建大型养殖基地于一体的杂交构树全产业链生态科技研发园区。园区配套建设干粉、颗粒以及发酵饲料等饲料加工生产线，以及3万平方米育苗、炼苗、科研智能生态温室大棚；以兰考建设"养殖业强县"为契机，在园区建立标准化的示范养殖基地，引导、带动、辐射全县及中原地区建立杂交构树生态、绿色与无抗肉、蛋、奶养殖基地及品牌；合作建立冷链系统、物流系统以及线上线下销售网络，解决普通群众"餐桌上的食品安全问题"。该县将杂交构树种植与发展畜牧业相结合，形成了鸡、牛、羊养殖和饲草种植的"3+1"模式，从打造完整产业链条、探索产业扶贫模式、出台发展引导政策、开展工程技术研发四个方面着手，为全国杂交构树产业扶贫探路示范。

　　河南省太康县打造的"太康经验"，即：政府投入2000万元，设立杂交构树产业扶贫基金，并纳入县财政预算，主要用于新型杂交构树机械的引进、杂交构树育苗机构技术及设备引进、杂交构树产业化带贫引导补贴、技术培训与交流、产品品牌创建扶持等。在杂交构树产业扶贫基金的资助下，带贫合作社和贫困户每种植1亩杂交构树可获得奖补2000元，大大增强了贫困农户参与杂交构树扶贫的积极性，带动了周边200户贫困户增收。

　　河南省伊川县成立的"伊川县构树种植农民专业合作社"固定资金1000万元，以农作物种植、旅游观光、花卉苗木销售、秸秆储存、饲料销售等为主要经营范围。合作社流转土地2000亩，投资210万元，打造现代农业观光园，目前种植杂交构树2000亩。园区以"合作社+贫困户"为基础，以土地流转收益、劳务增收的模式进行帮扶。合作社共流转112户贫困户，土地720亩，年流转费达36万多元。全年用工贫困户62人，全年发放工资18万元。2019年，在合作社产业项目的带动下，71户贫困户实现脱贫，人均年收入达到3000元以上。

　　2019年1月3日，自然资源部、农业农村部下发《关于加强和改进永久基本农田保护工作的通知》，规定"永久基本农田不得种植杨树、桉树、构树等林木"，不得种植草坪、草皮等用于绿化装饰的植物，不得种植其他破坏耕作层的植物。自此以后，省内杂交构树种植面积大幅下滑，产业发展缓慢。

三、产区优势

（一）从自然条件层面看，区位优势强

河南地处中国中部，地势平坦，气候适宜，雨量充沛，光照充足，土壤肥沃，是我国的粮食大省，适合杂交构树的种植。

（二）从国家政策层面看，发展后劲足

2015年，杂交构树产业被列入国家十大产业精准扶贫工程之一。2018年4月，杂交构树列入《饲料原料目录》，6月列入"粮改饲"木本良种推广，7月原国务院扶贫办印发《关于扩大构树扶贫试点工作的指导意见》。2020年河南省农业农村厅印发《河南省2020年粮改饲试点项目实施方案》，全省项目县计划完成粮改饲面积100万亩以上、全株青贮288万吨以上。一系列的政策举措给杂交构树扶贫产业发展提供了有力的政策保障。脱贫攻坚结束后，2022年4月5日，河南省人民政府办公厅发布《河南省肉牛奶牛产业发展行动计划》，对新增杂交构树种植基地，每亩一次性补助800元，持续支持杂交构树产业发展。

（三）从畜牧养殖层面看，市场潜力大

杂交构树嫩枝叶蛋白质含量高，是纯天然高蛋白饲料，可作为苜蓿等其他蛋白饲料的替代品。河南是全国重要的畜牧业大省，据调查2023年全省猪牛羊禽肉、禽蛋、牛奶总产量1325万吨，占全国总产量16615万吨的8%，蛋白饲料需求量极大。

四、存在问题

（一）一次性投入高

目前，河南地区流转土地租金平均在1000元/亩左右，杂交构树种苗费约需1500元/亩，雇工成本高，前两年种植、管护成本1000元/亩左右，合计前期投

入约需3500元/亩。

（二）田间管理技术不成熟

杂交构树虽然适应性强、抗病虫害能力强，但是想要获得高产仍需要田间管理人员科学地进行灌溉、追肥、田间除草等，但是在实际中往往由于田间管理人员管理较为粗放导致杂交构树缺乏营养，长势、产量不理想，难以实现效益最大化、最优化。

（三）用地难以保障

一是流转土地成本较高，一般企业周转资金难，投资能力有限；二是大面积种植杂交构树，与粮争地，按照当前国务院关于耕地"非粮化、非农化"等方面的保护政策，种植杂交构树存在一定的政策风险；三是农户种植杂交构树参与度不足，产业基地难成规模。

（四）饲料推广能力弱

虽然杂交构树的知名度越来越高，但杂交构树饲料、杂交构树蛋白粉等产品的市场知晓度不高，小规模养殖户使用量杯水车薪，大型养殖场不愿意轻易尝试。主要是因为杂交构树饲料应用不够广泛，缺少规模化专业杂交构树饲料加工厂，生产的饲料不能满足一般养殖户使用量，杂交构树种植、加工、养殖不配套。杂交构树种植与收获的收割机具、加工设备尚未纳入农机购置补贴范围，企业投入成本不能有效降低。同时，杂交构树产品市场收购机制不完善，杂交构树种植产品价格波动较大，市场风险大。

五、前景展望

我国已经开展关于杂交构树饲料林种植产业技术的研究，在良种选育、种植密度、水肥供给、病虫害防治、采收加工等关键技术环节均进行了理论研究及技术创新。目前已选育出"中科"系列杂交构树品种，同时，在杂交构树产业"构-饲-畜"各环节都取得了长足的进步，如种苗扩繁和丰产栽培配套技术的优化、采收机械的调试和改进、烘干节能和实用化处理以及杂交构树畜禽养殖技术的提升，这些技术体系、工艺流程和机械设备每前进一步都为杂交构树产业可持续发展提供了有力的支持。

河南是畜牧大省，发展杂交构树种植市场广阔，潜力很大。发展杂交构树产业，促成"种植——经济林——饲料——生态养殖——肉类加工"的现代生态农业模式，可从以下几方面发展。

（一）全面布局，政府协调，市场运作，产业振兴

1.建立优质种苗基地，促进杂交构树产业健康发展。大力推广杂交构树工厂化组培苗生产，以解决部分地区存在的野生构树种苗、扦插苗木充斥市场，优质杂交构树种苗供应不足的问题。

2.引导企业参与，促进杂交构树产业快速发展。积极引导企业参与杂交构树产业开发，采取"公司+合作社+基地+农户"的经营模式，鼓励带动周边农户特别是贫困户参与发展杂交构树产业。

3.构建生态循环产业链，促进杂交构树产业可持续发展。多方融资建设养牛场和养羊场，消纳杂交构树青贮饲料，通过以种代养、以养促种，发展构饲羊、构饲牛、构饲猪等一系列生态产品，实现"树变奶、树变肉"过腹增值，进一步促进杂交构树产业链闭合式发展。

4.创新举措，多点联动。一是"给人种"，引导、鼓励群众通过土地流转、土地入股、土地托管等方式入股杂交构树种植专业合作社或村集体合作社；二是"帮人种"，按照灵活就业、自由结合的原则，优先安排贫困户到种植专业合作社就业，实现家门口灵活就业；三是"自己种"，对于有种植意愿的农户，龙头企业承诺提供低于市场价格的优质杂交构树苗，并提供技术指导、农机支持。

5.拉长链条，增加收益。拉长产业链条，研发杂交构树产品，增加附加值，培育杂交构树产品利润增长点。重点开发杂交构树"三品"，即保健品、食用品、特色小产品，延伸发展杂交构树酒、构树蘑菇、构树醋、构树酱油、构树饲料及乳制品等产业链条，增加收益。

（二）科学管理、技术先行、发挥人才优势

1.采用科学的种植、养殖管理方式和技术体系。对参与其中的政府、企业、合作社和种植户等进行技术引导、鼓励。建议选择正规的种苗渠道,实施种养循环,以养带种。

2. 发挥人才优势,促进科技成果转化,加强宣传。充分发挥杂交构树产业高层次人才的科研优势,提高杂交构树科技成果转化效率,加大科研投入和研发力度,加快种养加标准的制定,深度开发杂交构树饲料、保健品、食用品、特色小产品,举办各种论坛和学术交流会等,促进杂交构树产品的推广使用。杂交构树产业及产品将逐步走入大众视野,实现杂交构树产业广泛的深度认知,加大相关宣传,促使产业切实落地。

第二节　贵州产区

一、自然特征

贵州省简称"黔"或"贵",位于中国西南的东南部,地处中国西南腹地,东毗湖南、南邻广西、西连云南、北接四川和重庆,是西南交通枢纽,也是一个山川秀丽、气候宜人、民族众多、资源富集、发展潜力巨大的省份。全省东西长约595千米,南北相距约509千米,总面积为176167平方千米。

贵州境内地势西高东低,自中部向北、东、南三面倾斜,平均海拔1100米左右。全省地貌分为高原、山地、丘陵和盆地四种基本类型,其中92.5%的面积为山地和丘陵,素有"八山一水一分田"之说,是全国唯一没有平原支撑的省份。喀斯特地貌面积109084平方千米,占全省国土总面积的61.9%,境内岩溶分布范围广泛,形态类型齐全,地域分布明显,构成一种特殊的岩溶生态系统。

贵州气候属亚热带湿润季风气候,四季分明、春暖风和、雨量充沛、雨热同期。大部分地区冬无严寒,夏无酷暑,年均气温14～16℃。降水丰富,年降水量一般为1100～1400毫米。热量较充足,无霜期长达270天以上,且雨热同季,利于植物生长。因地形和纬度等因素的影响,致省内气候从东到西、从南到北、从低到高变化明显,形成了多种气候类型,但雨日多达160天,相对湿度常达80%，日照仅1200~1500小时，日照率不足25%~30%，不利于喜光作物的生长。受大气环流及地形等影响，贵州气候呈多样性，"一山分四季，十里不同天"。另外，气候不稳定，灾害性天气种类较多，干旱、秋风、凌冻、冰雹等频度大，对农业生产危害严重。

贵州河流处在长江和珠江两大水系上游交错地带，有69个县属长江防护林保护区范围，是长江、珠江上游地区重要的生态屏障。全省水系顺地势由西部、中部向北、东、南三面分流。苗岭是长江和珠江两流域的分水岭，以北属长江流域，流域面积115747平方千米，占全省国土面积的66.1%，主要河流有乌江、赤水河、清水江、洪州河、舞阳河、锦江、松桃河、松坎河、牛栏江、横江等。苗岭以南属珠江流域，流域面积60420平方千米，占全省国土面积的35%，主要河流有南盘江、北盘江、红水河、都柳江、打狗河等。

二、产业发展现状

脱贫攻坚期间（2015—2020年），省委、省政府十分重视杂交构树产业扶贫工程，组织编写全省构树扶贫工程实施方案，在省扶贫办成立专班工作组，设立杂交构树产业发展基金等，实践出不少好的做法。为推动构树扶贫工程，原国务院扶贫办分别于2015年9月在贵州务川仡佬族苗族自治县（以下简称务川县）、2016年10月在贞丰县、2017年2月在册亨县3次召开全国杂交构树扶贫工程现场观摩与经验交流会，当时贵州在杂交构树产业链、带贫模式、生态农牧业发展等方面均走在全国前列。使用财政资金发展杂交构树产业的有册亨县、道真县、独山县、关岭县、赫章县、惠水县、金沙县、盘州市、思南县、望谟县、务川县、习水县、长顺县、贞丰县和织金县等15个县（市），涉及杂交构树产业项目和村基础设施项目共计78个，其中产业项目71个，村基础设施7个。

"十四五"以来，贵州省朝着技术创新、品牌打造、人才培养等方向发展，继续推进"贵州省杂交构树工程技术研究中心"建设，启动"杂交构树饲料化利用技术应用与示范"项目研究，加强杂交构树猪肉"构小白""黔北黑猪"等品牌打造。

（一）种苗繁育

2015年，务川县政府依托中国科学院植物研究所，建成了年生根苗1亿株的中国南方杂交构树组培中心和年出苗2000万株炼苗基地，由务川科华生物科技有限公司组织生产杂交构树组培容器苗，供应当地用苗和外地用苗。2016年，册亨县政府与中国科学院植物研究所合作，支持贵州海铭巍杂交构树产业开发有限公司修建杂交构树组培中心，年产规模组培容器苗3000万株，除供应当地用苗外，还外销邻近云南的多个县。目前，务川中国南方杂交构树组培中心还在运行，向全国销售提供用苗。

（二）栽培种植

为解决生产中杂交构树种植技术没有严格执行标准体系、种植密度各有差异的问题，通过"杂交构树饲料化利用技术应用与示范"贵州省科技成果转化项目实施，采取以下举措：（1）在务川、独山，以密度、氮肥、钾肥和磷肥为优化栽培措施，优化密度为1500株/亩，施尿素68千克/亩、硫酸钾51千克/亩、过磷酸钙9千克/亩，刈割高度30厘米和留茬高度1.2-1.4米，建设高效栽培示范100亩，独山示范点2亩。在松桃，采用种植密度1800株/亩，刈割高度1.2-1.5米，留茬高度20厘米，建设杂交构树高效栽培示范点100亩。（2）引入优质牧草光叶紫花苕，在务川、松桃、独山开展"杂交构树+光叶紫花苕"高效种植模式试验示范102亩。（3）结合高效栽培示范，在务川县丹砂街道叶家湾建立杂交构树高效栽培示范点，示范加工杂交构树饲料100吨。但总体上体现为：每亩种植密度1200株左右，高密度试验示范园1500株。刈割高度一般0.8~1.2米，留茬高度15厘米左右，刈割次数则受气候、土壤、施肥、刈割高度等多种因素决定，一般在3~5茬。亩产鲜枝叶5吨/亩左右，管理水平高的可达7~8吨/亩。

（三）饲料养殖

根据贵州地理位置、产业布局和企业特点，饲喂家畜主要有猪、牛、羊等。通过科研项目，首先在务川县柏村镇后坝村建构树饲料饲养肉牛养殖示范点一个，养殖杂交肉牛100头。在务川杂交构树产业孵化园内示范养牛50头、养羊60只。在独山示范养殖贵州黑山羊120只。在松桃示范加工杂交构树饲料80

吨，养殖黔北黑猪500头。在松桃，带动贵州黔北黑猪集团和贵州鑫好农牧有限公司投入资金300万元，加工杂交构树饲料80吨，养殖黔北黑猪500头。务川后坝村出栏肉牛86头，销售收入产值163.4万元，纯经济效益13.4万元。开展技术培训344人次，服务满意度100%。为贵州杂交构树生态农牧业稳步发展打下良好的基础。

三、产区优势

（一）气候适宜

贵州气候属亚热带湿润季风气候，四季分明、春暖风和、雨量充沛、雨热同期，有利于杂交构树等植物生长发育。

（二）宜种土地资源丰富

国务院办公厅《关于防止耕地"非粮化"稳定粮食生产的意见》（国办发〔2021〕44号）指出，要采取有力举措防止耕地"非粮化"，切实稳定粮食生产，牢牢守住国家粮食安全的生命线。要充分认识防止耕地"非粮化"稳定粮食生产的重要性、紧迫性。要坚持问题导向，坚决防止耕地"非粮化"倾向。一般耕地应主要用于粮食和棉、油、糖、蔬菜等农产品及饲草饲料生产。贵州草地资源共284.16万亩（国土三调），其中的30%以上可间作杂交构树，此外还有相当一部分退耕坡地、石漠化非耕地，也可种植杂交构树。

（三）科技重视

贵州省和地方政府先后立项资助，开展杂交构树利用技术研究。2018年，务川县人民政府与贵州省草业研究所合作，开展构树饲料产业化技术与应用研究，"构树饲料化利用技术研究"获2019年贵州省科技支撑资助，"杂交构树饲料化利用技术应用与示范"获2023年贵州省科技成果转化资助。通过这些项目的实施，系统探明了杂交构树种植适宜的海拔、立地条件，适宜的刈割高度和留茬高度，以及N、P、K施肥配比和种植密度，摸清了杂交构树的营养价值和在猪、牛、羊养殖中的饲用价值，探索出杂交构树混合青贮和全株生物发酵饲料加工技术及饲养猪牛羊技术，进行了技术集成示范和推广应用。

四、存在问题

（一）认识不足

2015年以来，在示范推广过程中，政府、企业和种植户对杂交构树的利用效果期望太高，后因配套利用技术不系统，没有达到预期效果，种植户积极性受到打击，一定程度存在"谈构色变"的现象。

（二）种养难结合

受土地、交通和投资等因素的影响，杂交构树种植与养殖往往时空不一致，导致种养结合难。杂交构树产业的发展尤其依托生态畜牧业的发展，饲用杂交构树的市场是养殖业，必须种养结合、以养定种才能走可持续发展之路。

（三）收储体系不健全

种、加、销产业链条不配套，产供销市场没有形成，因此存在一边养殖企业与农户缺乏优质饲料，一边种植农户利益受损的现象。

（四）受立地条件、基础设施、机械化等条件制约，成本居高不下

杂交构树产业一次性投入大、成本高，尤其是交通不畅的山区投入成本更高。务川县杂交构树组培苗采购一次性成本约为1440元/亩，肥料200元/（亩·年），加之中耕、施肥、除草、收割等人工800元/亩，租地费300元/亩，一次性投入约在2740元/亩，种植前期投入成本高，企业不愿进入。贫困户和一般农户投入难是一个现实难题。

五、前景展望

（一）发展杂交构树产业是解决蛋白质饲料"卡脖子"难题的新途径

我国饲料长期依赖国外进口，其中60%以上的氨基酸依靠进口，畜禽饲料中主要的蛋白原料均依靠进口。大豆和油料是我国对外依存度最高的两种产品，也是我国的软肋所在。大豆近5年平均进口依赖度为87.88%。根据农业农村部印发的《"十四五"全国种植业发展规划》，近年来，随着人民生活水平的

提高和养殖业迅速发展，豆油和豆粕需求大幅增加，大豆产需缺口较大且长期存在。根据农业农村部《关于印发〈"十四五"全国畜牧兽医行业发展规划〉的通知》（农牧发〔2021〕37号），在肉牛、饲草等四个千亿级产业规划中，要因地制宜开发利用杂交构树、饲料桑等区域特色饲草资源，加快建设现代饲草生产、加工、流通体系。我国耕地面积有限，解决畜禽饲料中主要的蛋白原料供需缺口巨大这个"卡脖子"难题，是2022年和今后几年农业调结构的一个重点。

项目成果表明，杂交构树全株青贮粗蛋白平均16%以上，替代常规蛋白饲料原料，可降低日粮成本8%以上。替代全株玉米作为务川黑牛日粮组成部分，具有提高务川黑牛日增重、降低料重比、提高瘤胃微生物蛋白产量、降低胴体脂肪率、改善肌肉脂肪酸组成的饲用价值；杂交构树青贮可显著提高肉羊的生长性能，降低肉羊血清甘油三酯含量，且能提高肉羊瘤胃微生物多样性；育肥猪饲粮中添加适宜比例杂交构树型发酵饲料，能显著提高肌肉感官品质和理化性质。国内三聚氰胺、瘦肉精、抗生素超标等事件的发生，这些都与我国蛋白质饲料长期缺乏有直接关系。因此，发展杂交构树产业是解决蛋白质饲料问题的重要途径之一。

（二）发展杂交构树产业是解决我国粮食安全问题的新需求

国家统计局数据显示，2021年我国累计进口粮食1.6亿吨，相当于我国产量的24%，也达到了历史的新高。这表明我国大口径的粮食对外依存度已越来越高，令人担忧。玉米是我国第一大粮食作物，也是重要的饲料和工业原料，从2016年到2020年，我国玉米对外依赖度提升到9.39%。2020年我国进口玉米1129万吨，2021年进口玉米增加到2836万吨。据不完全统计，我国饲用玉米用量已超过1.1亿吨，占国内玉米年产量的64%。因此，从这个意义上说，我国粮食问题实质上是饲料问题。

在新冠疫情、贸易保护主义等问题的影响下，国际粮食供应链持续受到冲击，粮食贸易面临的外部环境日趋复杂。而且国际粮价还在走高，联合国粮农组织（FAO）报告显示：2021年粮农组织食品价格指数同比上涨27.2%，达到10

年来最高水平。习近平总书记强调,我们要利用"两个市场",但必须有一个安全线,超过了以后就要亮红灯。要明确重要能源资源国内生产自给的战略底线。为了切实稳定粮食生产,牢牢守住国家粮食安全的生命线,国务院办公厅发布《国务院办公厅关于防止耕地"非粮化"稳定粮食生产的意见》(国办发〔2020〕44号)。但此举也收窄了饲料作物的种植空间,饲草料的生产急需拓展新途径。

杂交构树具有速生、适应性强、分布广、易繁殖、热量高、轮伐期短的特点,是优良饲料植物,丰产性及稳定性好,一次种植、多年利用。贵州省荒山荒坡多、矿山废弃地资源丰富,杂交构树为中浅根系且分布广,能固土保水,对石漠化和矿山修复也具有重要作用。因此,发展杂交构树产业可作为增加饲料来源、助力解决我国粮食安全的重要的新需求。

(三)发展杂交构树产业是实现无抗养殖的新手段

杂交构树除对人类有药用价值外,对家畜也具有一定的药用价值。杂交构树叶的总黄酮能够抑制家兔和豚鼠的心房收缩,据研究杂交构树叶还具有抗氧化、抗菌、杀虫、降血压、抗肿瘤等功效。之前有研究表明,饲喂杂交构树饲料后,畜禽日增重有所提高,且能够改善血清生化指标,提高家畜抵抗力,从而减少在饲养过程中的患病风险。

(四)是推动调优农业产业结构、助推巩固拓展脱贫攻坚成果同乡村振兴有效衔接的新抓手

党中央、国务院高度重视"三农"工作,大力推进农业供给侧结构性改革,明确指出按照稳粮、优经、扩饲的要求,加快发展草牧业,调整优化粮食、经济作物、饲草料三元种植结构,加快构建粮经饲协调发展,大力培育现代饲草料产业体系。2021年,中共中央、国务院出台了《中共中央 国务院关于全面推进乡村振兴加快农业农村现代化的意见》,该《意见》指出,推进现代农业经营体系建设,要将先进适用的品种、投入品、技术、装备导入小农户。2021年春节前夕,习近平总书记视察贵州时强调要牢固树立生态优先、绿色发展的导向,统筹山水林田湖草系统治理,为贵州发展草牧业提供了根本遵循。贵州省委第

十三次党代会强调围绕"四新"主抓"四化"，要加快全省农业现代化建设。

要发展我国农村的养殖业，必须降低饲料成本，在现有饲料成本居高不下的形势下，必须寻找开发新的饲料资源。项目紧紧围绕贵州省牛羊产业技术需求，开展杂交构树饲料化利用关键技术示范与应用，符合国家产业导向，是助推贵州省牛羊产业高质量发展的重要推手，是巩固拓展脱贫攻坚成果衔接乡村振兴的重要抓手，具有广阔的转化前景。

（五）是生态建设和产业扶贫的需要

种植密度达到800株/亩的区域，管护良好种植一年的杂交构树均可达到全覆盖效果，较传统的马尾松绿化而言，经济效益明显，覆盖效率高，水土保持能力突出。由于杂交构树具有速生性、抗旱性，只要做好技术攻关，就可以在石漠化治理中发挥良好的生态经济效益。杂交构树每年可收割2~3茬，年亩产杂交构树鲜枝叶可达3吨以上，按目前市场价600元/吨收购，每亩产值可达2000元左右。

第三节　江西产区

江西省位于中国东南部，长江中下游南岸，东邻浙江省、福建省，南连广东省，西邻湖南省，北接湖北省、安徽省，为长三角、珠三角、海峡西岸的中心腹地。全省总面积16.69万平方千米。辖11个地级市、27个市辖区、12个县级市、61个县，合计100个县级区划。截至2023年末，江西省常住人口4515.01万人，比2022年末下降0.29%。

一、自然特征

（一）地形地貌

江西省的地形地貌以江南丘陵、山地为主；盆地、谷地广布，略带鄱阳湖平原和长江中下游平原。

江西省地质与地貌以锦江—信江一线为界，北部属扬子准地台江南台隆，南部属华南褶皱系，后又受印支、燕山和喜马拉雅运动多次改造，形成了一系列东北—西南走向的构造带，南部地区有大量花岗岩侵入，盆地中沉积了白垩系至老第三系的红色碎屑岩层，并夹有石膏和岩盐沉积；北部地区形成了以鄱阳湖为中心的断陷盆地，盆地边缘的山前地带有第四纪红土堆积。这是造成全省地势向北倾斜的地质基础。

地貌上属江南丘陵的主要组成部分。省境东、西、南三面环山地，中部丘陵和河谷平原交错分布，北部则为鄱阳湖平原。鄱阳湖平原与两湖平原同为长江中下游的陷落低地，由长江和省内五大河流泥沙沉积而成，北狭南宽，面积近2万平方千米。地表主要覆盖红土及河流冲积物，红土已被切割，略呈波状起伏。湖滨地区还广泛发育有湖田洲地。水网稠密，河湾港汊交织，湖泊星罗棋布。

（二）气候

江西省的气候属亚热带湿润季风气候，年均气温16.3°~25℃，一般自北向南递增。赣东北、赣西北山区与鄱阳湖平原年均气温为16.3°~17.5℃，赣南盆地则为19.0°~25℃。夏季较长，7月均温，除省境周围山区在26.9°~28.0℃外，南北差异很小，都在28.0°~29.8℃之间。极端最高温几乎都在40℃以上，成为长江中下游最热的地区之一。冬季较短，1月均温，赣北鄱阳湖平原为3.6°~5.0℃，赣南盆地为6.2°~8.5℃。全省冬暖夏热，无霜期长达240~307天。日均温稳定超过10℃的持续期为240~270天，活动积温5000°~6000℃，对于发展以双季稻为主的三熟制及喜温的亚热带经济林木均甚有利。唯北部地形开敞，特大寒潮南侵时有不利影响。

江西为中国多雨省份之一，年降水量1341~1943毫米。地区分布上是南多北少，东多西少；山地多，盆地少。庐山、武夷山、怀玉山和九岭山一带是全省4个多雨区，年均降水量1700~1943毫米。德安是少雨区，年均降水量1341毫米。降水季节分配不均，其中4—6月占42%~53%，降水的年际变化也很大，多雨与少雨年份相差几近一倍，二者是导致江西旱涝灾害频繁发生的原因之一。

（三）水文

江西省境内地势南高北低，有利于水源汇聚，水网稠密，降水充沛，但各河水量季节变化较大，对航运略有影响。地表径流赣东大于赣西、山区大于平原。全省共有大小河流2400多条，总长度达1.84万千米，除边缘部分属珠江、湘江流域及直接注入长江外，其余均分别发源于省境山地，汇聚成赣江、抚河、信江、饶河、修河五大河系，最后注入鄱阳湖，经湖口县汇入长江，构成以鄱阳湖为中心的向心水系，其流域面积达16.22万平方千米。鄱阳湖是中国第一大淡水湖，连同其外围一系列大小湖泊，成为天然水产资源宝库，并对航运、灌溉、养殖和调节长江水位及湖区气候均起重要作用。

江西平均年降水1600毫米，相应平均年降水总量约2670亿立方米。河川多年平均径流总量1385亿立方米，折合平均径流深828毫米。地下水天然资源多年平均值为212亿立方米以上，具有集中开采价值的地下水资源为68亿立方米/年。

（四）土壤

红壤和黄壤是江西最有代表性的地带性土壤。以红壤分布最广，总面积13966万亩，约占江西总面积的56%。根据红壤的发育程度和主要性状，大致可划分为红壤、红壤性土、黄红壤等类。黄壤面积约2500万亩，约占江西总面积的10%，常与黄红壤和棕红壤交错分布，主要分布于中山山地中上部海拔700~1200米之间。土体厚度不一，自然肥力一般较高，利于发展用材林和经济林。此外还有山地黄棕壤，而山地棕壤和山地草甸土面积则很小。非地带性土壤主要有紫色土，是重要旱作土壤，此外有冲积湖积性草甸土。石灰石土面积不大。耕作土壤以水稻土最为重要，面积约3000万亩，占江西耕地的80%左右。

二、社会经济

（一）人口

截至2022年末，江西省常住人口4527.98万人，其中，城镇常住人口2810.52万人，占总人口的比重（常住人口城镇化率）为62.07%。全年出生人口32.5

万人，出生率为7.19‰，死亡人口31.4万人，死亡率为6.94‰；自然增长率为0.25‰。

（二）经济

2023年，江西省地区生产总值32200.1亿元，按不变价格计算，同比增长4.1%。其中，第一产业增加值2450.4亿元，增长4.0%；第二产业增加值13706.5亿元，增长4.6%；第三产业增加值16043.2亿元，增长3.6%。

（三）科技

2022年，江西省研究与试验发展（R&D）经费支出占GDP的比重为1.8%。年末共有国家级重点实验室6个，省级重点实验室241个；国家工程（技术）研究中心8个，省工程（技术）研究中心351个。全年授权专利7.6万件，每万人有效发明专利拥有量6.9件。全年共签订技术合同10255项，技术市场合同成交金额758.2亿元。

2022年，江西省累计获省级检验检测机构资质认定的机构1899个。全年强制检定计量器具141.2万台（件）。获得CCC认证证书的企业714家，获得CCC认证证书4783张。发放自愿性产品认证证书1.7万张，发放省级工业产品生产许可证877张。

（四）教育

2022年末，江西省共有普通高等学校（含普通、职业本专科）106所，普通高中561所，中等职业学校263所，初中阶段学校2233所，小学6324所。民办学校7739所。特殊教育在校生3.9万人，高中阶段毛入学率为93.5%，普通高考录取率为81.1%。

三、产业发展现状

（一）技术支撑

1. 泰和农业绿色产业技术创新战略联盟

2022年，由泰和千烟洲生态试验站牵头，组织江西汪陂途泰和乌鸡发展有限公司、江西金糠新材料科技有限公司、江西佳和农业科技发展有限公司、泰和县文光肉牛养殖专业合作社、泰和县昌盛肉牛养殖有限公司、泰和县旺兴农牧有限公司、吉安市雅淳农牧科技有限公司等十七家种养殖企业（合作社）成立了"泰和农业绿色产业技术创新战略联盟"，并获得江西省科学技术厅的"同意组建"批复。联盟成员中有三家企业开展了种植杂交构树、巨菌草、皇竹草等饲料，为联盟中养牛、养羊等企业提供饲草料供给，为杂交构树产业发展创建了红壤丘陵区示范模式，有效推动了乡村振兴。

2.泰和千烟洲院士工作站

2017年5月，泰和县人民政府与中国科学院地理科学与资源研究所研究员、中国工程院院士李文华签订了共建院士工作站协议，同年12月，泰和千烟洲院士工作站提升为省级院士工作站。院士工作站以杂交构树种植技术研究、畜禽饲料配方开发、泰和乌鸡和湖羊的构树养殖为主要攻关方向，取得与杂交构树相关的知识产权10余项，为江西杂交构树产业发展作出了重要贡献。

（二）产业发展现状

江西为畜牧大省，以生猪、肉牛、禽类养殖为主，蛋白饲料缺口极大。2015~2020年，江西的杂交构树种植处于高峰时期，省内种植杂交构树约1.2万亩，分布在九江、吉安、宜春、萍乡等地。省内形成了大田种植、饲料收储、畜禽饲喂等产业链，带动1200余户贫困户脱贫，实现年户均增收3000元左右。

2019年，泰和县人民政府出台了针对杂交构树种植的奖补政策，对新增种植杂交构树农户给予一次性补助每亩400元，但要求最低连片种植100亩。千烟洲工作站作为泰和县杂交构树种植的统计单位，参与了泰和县杂交构树种植的面积统计工作，当年统计数据表明，泰和县2019年累计种植杂交构树达2600亩，获得补助金额104万元。

2021至2023年，宜春市万载县江西省富佳农业科技有限公司连年种植杂交构树，累计种植面积达4200亩。经收割粉碎—青储发酵后，用于生猪喂养，利润累计达1020万元。

2018至2020年，九江市种植杂交构树面积累计达8000亩，形成了"育苗——炼苗——种植——收储——发酵——销售"的杂交构树全产业链模式，一度成为江西省杂交构树种植推广的典范。

2019年1月3日，自然资源部、农业农村部下发《关于加强和改进永久基本农田保护工作的通知》，规定"永久基本农田不得种植杨树、桉树、构树等林木"，多地误将"野生构树"混同于作为饲料来源的"杂交构树"，自此以后，江西省杂交构树种植面积不但没有增加，很多地方因挖苗复耕而大幅下滑，产业发展缓慢。

四、产区优势

（一）气候优势

江西位于中国长江以南，具有较低的纬度，属于亚热带季风湿润气候。这种气候特征使得江西四季分明、光照充足、雨量丰沛。16.3°~25℃的年均气温、5000°~6000℃的活动积温、240—307天的无霜期、1300—1900毫米的年均降水量等都是有利于杂交构树生长和积累有机物的条件，使得杂交构树在江西的红壤丘陵区每年能收割5~6次，亩产5~6吨。

（二）土地优势

江西地处长江中下游南岸，地形地貌可以概括为："六山一水二分田，一分道路和庄园。"江西农业农村资源十分丰富，素有"鱼米之乡"的美誉，是新中国成立以来全国两个从未间断输出商品粮的省份之一，也是东南沿海地区重要的农产品供应地。

全省耕地面积4082.43万亩，永久基本农田3545.43万亩，水面面积2500万亩，可利用的荒山、荒坡、荒地、荒滩、荒水等资源530万亩。上百万亩的荒山、荒坡、荒地和荒滩等低产耕地，为发展杂交构树产业提供了契机。

（三）应用优势

江西是生猪生产和调出大省，生猪净调出量居全国前二；是淡水渔业大省，水产品产量位居内陆省份第2位。据不完全统计，2023年，全省生猪存栏1676.0万头，出栏1231万头。2023年，牛羊出栏价格呈下跌趋势，牛羊产业发展速度放缓。全省牛出栏140.2万头，羊出栏188.7万只。蛋禽产业势头良好，全省家禽出栏59810.2万羽, 禽蛋产量73.2万吨, 其中鸡蛋产量48.6万吨。

江西是水产养殖大省, 改革开放以来, 坚持"以养为主"的发展方针, 水产养殖业发展取得了巨大成就, 尤其是淡水池塘养殖业发展迅猛, 在淡水水产养殖中的地位日益重要。据2021年统计, 江西省水产养殖产量达266.10万吨, 占全省水产品总产量的98.7%, 池塘养殖已成为全省水产养殖的主要形式和水产品供应的主要来源, 在保障优质动物蛋白供给、缓解野生资源捕捞压力、保护水生动物资源、促进农业增效和农民增收、扩大农村就业等方面发挥着重要的作用。

杂交构树作为高蛋白木本饲料, 经发酵处理后主要用于牛羊鹅等反刍类畜禽饲料, 经技术处理后可调配猪鸡等直肠类、草鱼等水产类养殖饲料的原材料。正是因为江西是畜禽水产的养殖大省, 蛋白饲料缺口巨大, 杂交构树饲料产业完全可以弥补蛋白饲料短缺的问题。

五、存在问题

（一）田间管理问题

杂交构树高蛋白、高产、耐刈割, 但其在生长过程中需要养分、水分、光照和温度等相互协同且供应充足。江西7—9月份处于伏旱阶段, 需要补充水分, 且每次收割枝叶之后需要及时追施尿素等速效氮肥。还要及时人工除草, 不能使用化学除草剂。如果水肥、除草等管理措施不能及时到位, 不但影响杂交构树饲料的产量, 还会导致蛋白质含量急剧降低, 纤维素含量增加。所以田间的水肥、除草等管理是目前杂交构树种植的头等大事。

（二）收储加工成本问题

杂交构树规模化种植, 如果采用人工收割, 成本会大幅增加, 所以必须设计为机械收割。但杂交构树树皮坚韧, 普通收割饲草的机械无法收割, 需要开发专用的收割设备。目前市场上收割构树的机械售卖较少。此外, 如果饲喂直肠类畜禽, 则必须将发酵的杂交构树饲料烘干, 添加精料后制粒。发酵后的杂交构树含水量约60%, 直接烘干成本达400元/吨, 导致杂交构树饲料成本居高不下，成为杂交构树产业发展的瓶颈。

（三）市场接受度的问题

由于杂交构树饲料产业化技术和体系尚不健全，现有技术宣传推广不够，许多企业仍然处于自我探索阶段，未能标准化科学生产。此外，杂交构树作为直肠类畜禽饲料的原材料，在加工过程中未经过高温消毒和灭菌，用户担心非洲猪瘟、禽流感等病毒没有被灭杀干净，给规模化养殖带来隐患，所以不敢轻易使用杂交构树饲料。

六、前景展望

针对目前杂交构树产业体系中存在的收储成本过高、直肠类畜禽不便于直接应用等瓶颈问题，若从技术层面都能解决，则杂交构树产业在养殖大省的江西还是有很大的发展前景。尤其是在荒山、荒坡等低质耕地的利用方面，将起到示范引领的作用。

第四章

杂交构树产业发展
重点企业

　　杂交构树产业属典型大农业行业，全产业链涉及繁、种、饲、牧、机、销等环节。2015年之前，从事杂交构树产业的企业仅有数家，多为种养销一条龙经营。进入脱贫攻坚期间，参与杂交构树产业的企业和合作社急速增加，多时高达600多家。2020年之后，因新冠疫情，加之耕地保护红线和养殖猪周期，杂交构树从业企业和合作社迅速减少，现存大约100家。从经营模式看，已经初步探索出产业形式：一是杂交构树"组培—炼苗—育苗—苗木销售"单一苗木生产经营模式；二是杂交构树"采收—饲料加工—饲料销售"单一饲料加工经营模式；三是杂交构树"畜禽水产养殖—畜禽水产品加工—畜禽水产品销售"单一畜禽水产养殖经营模式；四是杂交构树"组培育苗—种植—采收—饲料加工—饲料销售"的苗木生产、种植与饲料加工"三位一体"经营模式；五是杂交构树"组培育苗—种植—采收—饲料加工—畜禽水产养殖—畜禽水产品加工—畜禽水产品销售—有机肥还田再利用"一条龙全产业链模式。尽管这些经营模式都还属初创阶段，但对于进一步推动杂交构树生态农牧业大发展仍具有一定的参考和借鉴意义。本章选择产业链上各环节的代表性企业进行介绍。

第一节　中科创构（北京）科技有限公司

一、公司基本情况

　　公司成立于2018年，注册资本3000万元，位于北京市海淀区，是中国科学院植物研究所参股的混合所有制企业，2022年荣获"中关村高新技术企业"认证。公司坚持"立足科研，服务产业；整合协调，志在振兴"的企业宗旨，致力于打造杂交构树产业一体化权威品牌，推动产业良性发展。2018年10月，中国科学院植物研究所明确由中科创构（北京）科技有限公司全权负责"科构101"组培苗的种苗繁育、品种和质量鉴定、技术推广及相应的管理工作。

二、公司发展情况

（一）技术研发

2021年公司参与科技部重点研发计划"杂交构树产业关键技术集成研究与应用示范"项目，承担子课题"杂交构树快繁技术与产业化高效应用"。同时，与中国科学院过程工程研究所合作开展"野生构树和杂交构树活性成分检测"研究，委托北京中科联宏检测技术有限公司完成《土壤检测报告》和《植物检测报告》等。目前，公司拥有8项发明专利，分别是《一种利用原土种植进行滨海盐碱地生态绿化的方法》《一种杂交构树盐胁迫相关的转录因子及其编码基因与应用》《一种杂交构树干旱胁迫相关的转录因子及其编码基因与应用》《抗逆相关蛋白在调控植物抗逆性中的应用》《蛋白质在调控植物抗逆性中的应用》《一种杂交构树转录因子BpSEM及其编码基因与应用》《一种构树叶片蛋白质分离方法》《一种用于鉴定杂交构树的分子标记及其应用》；7项实用新型专利，分别是《一种多功能捕虫装置》《一种可调节架板间距的构树组培用种植架》《一种手扶式施肥装置》《构树用施肥浇水辅助装置》《防治树木天牛的药物投放器》《实现均匀施肥的施肥装置》《气力施肥装置用施肥喷头》；发表2篇论文，分别是《饲用型杂交构树套种蒲公英防草种植模式浅析》和《构树种质资源开发与利用研究进展》；登记3个企业标准，分别是《杂交构树叶培诱导丁细胞高效育苗技术规程》《杂交构树栽培管理技术规程》《杂交构树种苗组培快繁技术规程》，这些专利发明与标准为杂交构树产业技术开发和公司壮大发展打下良好基础。

（二）种苗生产

公司与广西一家植物组培育苗企业合作，完成改扩建年产1200万株以上的生产线，带动相关区域农户脱贫增收200人以上，2023年10月通过专家组验收。同时，通过向其他育苗企业持续提供技术更新，每年能够提供5亿多株优质的杂交构树组培苗，可供种植50余万亩。公司大力推广杂交构树"叶培"组培繁育新技术，育苗成本明显下降，市场上杂交构树组培苗价格得到有效控制，降低杂交构树组培苗价格可以有效预防和减少扦插苗、劣质苗在市场上的出现。

（三）种养示范

公司在江苏扬州建立杂交构树种养示范基地，种植杂交构树100多亩，利用杂交构树原料进行青贮发酵，添加本地的水稻壳、水稻秸秆等，进行混合发酵，有效解决当地秸秆浪费，变废为宝，同时也解决了杂交构树鲜料含水量高的问题，最终也降低了青贮饲料的生产成本。利用杂交构树原料制作颗粒料、干粉料等多种新型饲料来满足不同的牲畜对不同种类饲料的需求。干粉料和颗粒料需要将杂交构树鲜料进行脱水处理，进行晾晒，使原料中的含水量大幅降低，最终制作出优质的杂交构树颗粒料和干粉料，主要用于肉牛全日粮饲料生产。

利用杂交构树青贮饲料具有良好的适口性，发酵之后的饲料具有粗蛋白含量高、类黄酮含量高等特点，进行杂交构树饲料喂养肉牛试验。喂养试验结果发现，使用杂交构树饲料喂养的肉牛不仅生长速度快，还能有效地提高肉牛机体的免疫力等，促进肉牛的健康生长，使得肉牛的得病率大大降低。杂交构树全价料喂养肉牛可以有效提高肉牛的采食量，降低料重比，大幅降低养殖成本。公司将继续推广杂交构树种养一体化的发展模式，同时进一步拓展肉牛的屠宰和销售环节，打通杂交构树全产业链的最后一个环节，促进杂交构树产业的发展！

第二节　河南盛华春生物科技有限公司

一、公司基本情况

公司成立于2018年，注册资本1000万元，位于河南省兰考县。截至目前，投资金额已逾1亿元人民币，购置德国进口科洛尼杂交构树大型收割机5台（套），在兰考县黄河滩区饲草带种植杂交构树万余亩，建成全自动杂交构树干粉饲料生产线一条,产能3吨/小时。

目前,已经完成杂交构树苗木种植、机械化收割、干粉饲料加工等产业模块,年产杂交构树青贮饲料、干粉饲料5万余吨。

二、公司发展情况

公司致力于研发生产高品质杂交构树饲料产品,主营产品包括杂交构树干粉、杂交构树颗粒和杂交构树青贮。公司是国内首条杂交构树干粉饲料加工企业,产品质量好,粗蛋白含量18%以上,节能、环保,自动化程度高,杂交构树饲料专用设备特殊设计,一机多用,烘干热源采用国家倡导可再生生物质颗粒为燃料,硫氮排放低,二氧化碳零排放,符合国家烟尘排放标准的要求,班产杂交构树干粉饲料3吨/小时。

同时,与河南犇驰生物科技有限公司合作开展杂交构树全日粮饲料研发、生产、销售和服务等。公司将"杂交构树全日粮饲料引领者"作为企业宗旨,致力于为客户提供最优质的生物科技产品和服务。打造生态、营养的健康饲喂体系,助力养殖行业的技术革新与健康发展,与广大养殖企业实现合作共赢。目前,以杂交构树全日粮颗粒饲料饲喂肉牛可以使养殖成本每增重0.5千克降低3~5元,养殖时间缩短2.5~4个月,每头牛饲养全程节省3000元以上,出肉率达到47%以上,同时大大提高了牛肉的品质。

第三节　重庆东水蓝农业开发有限公司

一、公司基本情况

公司成立于2017年,注册资金1500万元,位于重庆市云阳县,为"种-养-销"闭环型企业。2018年成立云阳县上溪果蔬种植专业合作社,注册资金200万元。公司现有炼苗大棚9个,3000平方米,种植杂交构树300亩,青贮加工与饲料生产车间240平方米,猪舍面积6000平方米、养殖规模4500头,鱼塘3800

立方米，仓库150平方米，沼气池2个、700立方米，在云阳县城和北京等设有销售店。公司以养殖黑猪为主，形成炼苗、种植、饲料加工、养殖、销售全产业链，构建了"种养结合、生态循环"产业发展模式，打造的品牌"东水蓝"得到权威专业机构有机产品认证。

二、公司发展情况

公司2017年开始种植杂交构树，加工饲料养殖生猪，2018年实现盈利。2023年生产杂交构树青贮料1200多吨，出栏生猪3500多头，存栏1800多头，养鱼1500多吨。杂交构树种植、杂交构树生猪养殖和杂交构树猪肉分别获得专业机构有机产品认证。目前，生产和销售的品种有：冰鲜猪肉、烤肠、腊肠、午餐肉、包子（生鲜）、猪八件（猪头肉、猪肝、猪肚、猪蹄等熟食）。销售渠道：央、国企食堂，会所、保险公司、会员推广、京东、抖音线上线下相结合的销售模式，主要在北京、云阳等地销售。2023年4月27日，惠买集体在北京由主播静静为公司主持"优质黑猪肉专场"，现场准备的杂交构树黑猪肉很快销售一空，平均售价每千克90多元。2023年11月中国食品安全报"食安中国·放心餐桌计划"小产区食品探秘摄制组到公司种养殖基地拍摄，著名记者郑功献现场采访，并制作视频节目进行报道，公司"东水蓝"产品品牌得到很好的宣传。

第四节　中植构树（菏泽）生态农牧有限公司

一、公司基本情况

公司成立于2016年，注册资本1000万元，位于山东省菏泽市牡丹区，由大连中植环境生物科技有限公司发起、募集民间资本组建，主营杂交构树产业化实验示范，先后在辽宁瓦房店和山东菏泽成立了两家子公司，从事杂交构树种苗繁育、饲料林种植、青贮饲料加工以及肉牛规模化养殖。

大连中植环境生物科技有限公司自2004年开始与中国科学院植物研究所

合作开展杂交构树的产业化实验示范,在杂交构树的太空育种、工厂化快繁以及下游应用方面做了大量的探索,积累了丰富的经验,并取得了优秀成果。

（一）杂交构树育种

2008年公司利用神舟七号载人飞船,成功搭载了构树种子,经过十几年的精心筛选,从中分离出表现优异的植株,并对其进行了离体保存,具备了工厂化快繁的条件。

（二）工厂化快繁技术

2009年,公司承担国家发改委、国家林业局拉动内需项目,承建了大连杂交构树良种繁育基地项目。采用植物组织培养大量快繁工厂化育苗技术标准,生产杂交构树。2010年,《构树的一种组织培养方法》获得国家发明专利授权。2017年,公司在植物组织培养技术基础上提升的细胞繁育技术《一种制备构树体细胞胚的方法及其在构树扩繁中的应用》获得国家发明专利授权。2018年,《一种制备构树人工种子的方法及其专用培养液》获得国家发明专利授权。

（三）产业化应用技术

2008年,公司与大连工业大学合作研发的两项利用杂交构树韧皮纤维造纸技术获得国家发明专利授权,分别是《一种构树白皮生物浆的漂白方法》《构树韧皮纤维脱胶制浆的方法》。

2010年,公司与辽宁中医药大学合作研发的关于构树叶抑制肿瘤的成果《构树叶总黄酮提取物及其制备方法与应用》获得国家发明专利授权。

2011年,公司与中国农业科学院饲料研究所共同研发的《一种用杂交构树叶配制的奶牛精饲料》获得国家发明专利授权。研发期间在《草业科学》发表的《杂交构树叶的饲用营养价值分析》论文,以及在《中国畜牧杂志》发表的《杂交构树营养成分瘤胃降解特点的研究》论文,扩展了杂交构树饲料的应用基础,后被广泛引用。

（四）产业化实践

1.工厂化快速繁育

通过连续多年的组培工厂运营,公司培养积累了专业化管理队伍,优化了工厂化繁育技术，提高组培繁育效率和驯化的成活率，实现了365天不间断全天候生产，从而满足了下游的需求。

2.生态效益

凭借杂交构树组培容器苗的高成活率，以及杂交构树优良的抗逆性，先后在辽宁海岸盐碱地的国家海防林工程中，在辽宁瓦房店的石质山生态修复工程中，展现出杂交构树水平根系在恶劣的土壤条件下的高存活率、快速郁闭及水土保持方面的生态价值。

3.饲料及养殖

公司先后利用杂交构树全株饲料开展了肉羊、肉牛、生猪和鸡的饲养实验，综合评判下，最终选择以肉牛作为主要的饲养品种。之所以选择肉牛，一是从反刍动物耐粗饲料的角度考虑，用青贮杂交构树简易方便；二是相对于生猪和肉羊，肉牛在疫病防治、市场行情方面的风险更小一些。

公司先在辽宁瓦房店利用当地黄牛保育种场淘汰的小黄牛做了饲喂实验，证实了用杂交构树饲喂黄牛，能够增强牛的免疫力，提高牛的健康水平，而且与不添加或者少添加杂交构树饲料相比，足量添加杂交构树饲料能够提高牛的增重速度，具有更好的养殖效益。

在辽宁瓦房店实践的基础上，公司在山东菏泽利用当地的扶贫大棚，将其改造成福利化养殖的牛舍，扩大养殖肉牛规模，开展示范性养殖。通过第一期230头肉牛的集中喂养和对比实验，进一步摸索和优化了杂交构树肉牛饲料配方。经过一个存栏周期的示范，带动了周边的农户先后成立4个肉牛养殖合作社，利用公司种植的2600亩杂交构树开展肉牛养殖，其规模陆续增至存栏2000余头。

二、公司发展情况

2017年，中植构树生物科技有限公司在山东菏泽成立中植构树（菏泽）生态农牧有限公司，流转2600亩耕地，种植杂交构树组培容器苗，当年种植，当年收获，生产加工青贮杂交构树饲料，同时利用青贮杂交构树养殖肉牛。

作为"粮改饲"的典型,山东省畜牧厅当年在菏泽构树基地召开了全省"粮改饲"现场会,全省畜牧业同行在现场会上,通过介绍以及现场观摩,惊讶于肉牛光滑顺亮的毛色外观、健康的体态和精神,同时也惊讶于圈舍内轻微的粪便异味,领略到青贮杂交构树饲料在饲喂肉牛过程中展现出来的提高免疫力、抗氧化的功效。

当年肉牛出栏是销售给当地的屠宰场,从第二批次开始,因为杂交构树饲喂的肉牛板油少,出肉率高,屠宰场主动将用杂交构树饲料喂养的肉牛出栏价格比市场价每千克提高了0.5元。一直关注杂交构树肉牛养殖的当地农户,直观感觉到用杂交构树饲喂肉牛的增重速度快,又发现屠宰场的收购价格高,不约而同地产生了要参与到用杂交构树养牛的行列里来的想法。

针对这种情况,公司制定了扶持当地农民成立肉牛养殖合作社的策略,并配合地方政府利用扶贫资金,帮助农民成立了2个合作社,同时开展肉牛养殖。随着合作社盈利的刺激,其他农民陆续也加入进来,先后成立了更多合作社,陆续扩大了养殖规模。

2019年,因为公司流转的是基本农田,在自然资源部、农业农村部1号文件的精神指引下,公司率先"退林还耕",当地没有了杂交构树饲料来源,无奈中断了杂交构树肉牛养殖。受接下来的三年疫情影响,公司处于停工停产状态。

2023年,公司开始从终端产品入手,重新整合资源,着手开拓构饲牛肉的下游市场。

第五节 中乡同构(北京)农业科技发展有限公司

一、公司基本情况

公司成立于2023年,注册资本1000万元,位于北京市大兴区。为响应国家乡村振兴发展的大战略方针,践行向杂交构树要蛋白质的"大食物观",在中国乡村发展志愿服务促进会的指导下,由全国8家杂交构树企业发起成立一家股份制平台公司——中乡同构（北京）农业科技发展有限公司。在中国乡村发展志愿服务促进会的统一部署下,依托乡村振兴特色优势产业培育工程杂交构树专家组的科技支撑,以现有8家股东产业为基础,带领全国杂交构树从业者共同打造全国杂交构树产业化基地,规模化、标准化生产健康食材和优质肉蛋奶。企业致力于搭建销售平台,整合社会资源,打通发展瓶颈,为全国各地的杂交构树相关项目的实施提供政策赋能、技术赋能、金融赋能、营销赋能,成为杂交构树产业龙头、系列生态食品的领跑者。

二、公司发展情况

公司成立至今一年,积极对接政府管理部门、生产企业、市场渠道,发扬抱团取暖、共同发展的精神,参与第一届全国乡村振兴特色优势产业大会特装展,支持举办首届杂交构树产业发展论坛,为论坛制作杂交构树产业视频宣传片等。在这一年里,公司取得了长足的发展,业务呈现出稳步上升的趋势,市场份额逐渐扩大。通过不断拓宽市场渠道和优化销售策略,成功地吸引了更多的客户,客户群体也在不断壮大。为了满足市场的需求和变化,持续投入研发力量,推出了一系列创新产品。这些产品得到了市场的积极反馈,为公司带来了新的增长点。随着公司的发展,吸引了来自不同领域的优秀人才加入。公司也注重团队的培训和发展,提升了团队的整体协作能力和专业水平。公司将继续秉持创新精神,不断拓展业务领域,提升产品和服务质量。

第六节　贵州务川科华生物科技有限公司

一、公司基本情况

公司成立于2016年4月,注册资本2000万元,位于贵州省务川县。企业现有杂交构树全产业链80项自主知识产权专利技术,在产品质量水平、全产业链技术输出、科研技术创新、销售市场把控等领域均具有较强的核心竞争力。公司通过坚实发展，充分发挥自身的育苗、种植、养殖优势，提高核心竞争力，为国人留下青山绿水，带来富裕健康。

公司是国家高新技术企业，近年来先后被各级主管部门授予"贵州省杂交构树工程技术研究中心""贵州省企业技术中心""贵州省专精特新企业""贵州省知识产权优势企业""贵州省科技型中小企业""遵义市农业产业化龙头企业""遵义市十佳科技创新平台""遵义市构树组培科普教育基地"等荣誉称号。

公司董事长冉贤是民建全省优秀会员、贵州省第六批"百人领军人才""千人创新创业人才"、贵州省高层次人才服务优才卡专家等。

基础建设方面，公司在贵州省遵义市务川县内建成全国最大的杂交构树组培中心（中国南方杂交构树组培中心，政府投资5000万元高标准建成，占地30亩，可年产优质杂交构树组培苗3亿株）和全国唯一的杂交构树产业孵化园（务川杂交构树产业孵化园，政府投资1.2亿元，占地500亩，涵盖杂交构树"种、养、加"全产业链示范）。该基地是目前我国最大的杂交构树种养循环产业基地。

科研创新方面，与中国科学院植物研究所、中国农业大学、北京林业大学、贵州大学、贵州省农科院等院所高校开展"产学研"战略合作，申请及立项多个国家级、省市级科技、人才等项目。在推广方面，产业落地全国15个省、自治区、直辖市，推广种植杂交构树10万亩以上。

截至2023年，务川杂交构树产业基地作为我国精准扶贫产业、乡村振兴产业以及种养循环绿色产业基地，现已接待全国300余县市考察团的参观及培训。

二、公司发展情况

公司历经8年的砥砺发展，在产业顶层设计、产品品牌、公司管理及产业研发等领域已具备较强的核心竞争力。

第一，资本化发展的顶层设计，增加抗风险能力，反哺产业发展。公司自成立起, 始终坚定全产业链发展战略, 持续技术创新, 积极发挥产业带动区域就业作用与创造生产、生态效益。公司以杂交构树产业园区、示范基地为建设重点, 促进产业纳入各地重点、重大农业项目库, 以园区为示范引领, 结合杂交构树与当地特色优势产业融合升级, 在政府及相关部门的积极引导下, 规模化地实行种植、养殖一体化发展。截至2024年3月, 公司旗下杂交构树产业示范基地已达10个以上, 开启了资本化发展新篇章, 正在进行美国纳斯达克上市前的重组、融资、财务与法律规范等工作。

在美国纳斯达克上市一是有助于增强公司的抗风险能力, 二是借助资本市场的溢价空间来反哺杂交构树种植端和养殖端的利润, 保障农户的基本收益。

第二, 搭建银行供应链金融平台, 解决农户资金问题。目前, 公司与工商银行总行已全面开启供应链金融领域合作, 为杂交构树产业的种植户、养殖户提供农业金融贷款, 对养殖品进行保底回收, 同时引入农业保险, 整合资源加速产业落地, 消除农户的后顾之忧。

第三, 优质的商品, 帮助品牌价值提升。公司专注杂交构树育苗生产与销售的核心业务, 已形成"生物育种——高效栽采——饲料加工——生态养殖——品牌销售"的全产业闭环生产服务链, 为国内各级政府、大中小型饲料及养殖企业、线上线下肉蛋奶等销售平台提供优质产品和全产业链技术输出配套服务。

2017年, 公司的商品猪小白构树猪肉通过了具有国际公信力的PONY谱尼测试。在20项（包含铅、汞、铬等）重金属含量及农残、兽残、添加剂物质的检测中, 所有检测数值都远远优于测试标准, 检测结果全部合格。猪肉的口感、品质均获得了消费者的广泛好评。

通过对猪小白构树猪肉、九安构树茶等优质产品品牌化的打造, 来提高产业对C端的销售能力以及产品深加工能力, 延长产业链, 最大化地增加产品附加值。

第四, 精细管理系统, 严守种苗质量, 提高市场占有率。公司采用精细化生产管理系统,生产中心有7000余平方米的十万级净化车间,保障种苗的无菌培养和育种安全。研发中心负责进行升级植物品种、优化种苗品质,进行全产业链降本增效等研究。销售中心负责产品的对外整体销售服务,提高产品信誉度和市场占有率。

第五,领先的产业创新驱动,助力乡村经济发展。公司依托贵州省杂交构树工程技术研究中心、贵州省企业技术中心、遵义市十佳科技创新平台等科技创新力量,持续进行全产业链技术升级、输出先进技术等,为农民提供培训服务,助力乡村经济的综合发展。

在乡村振兴战略的号召下,全国各地对杂交构树的产业需求越来越大。乡村需要可持续发展的绿色种养业;农户需要种养循环高产高效的农牧业;国家需要维护粮食安全的农业新质生产力,国人更需要安全、健康、美味的肉蛋奶商品。公司会继续不遗余力地发展杂交构树产业,提升产业高科技、高效能、高质量的经济增长能力。

第七节　云南程盈森林资源开发控股集团有限公司

一、公司基本情况

公司成立于2014年,注册资本1亿元,位于云南省昆明市,为杂交构树综合开发利用型企业。公司携手各方运用自身专有技术,着力打造以森林资源综合开发利用为核心,创建绿色低碳的生物质气化炭电汽联产+环保节能型浆纸一体化的产业链,形成联农惠农、一二三产业有机融合、多方共赢的科技创新型省级龙头企业集团。集团于2016年开始从事杂交构树产业,在云南省建成了杂交构树种苗培育、产业扶贫、光伏林业、光伏农业扶贫产业基地,被认证授牌省级龙头企业,在杂交构树、生物质气化发电联产炭、热、肥等方面共获得国家专利21项,具有建筑工程、市政工程、电力工程(含承装、承修、承试电力设施)施工总承包三项总承包资质。

二、公司发展情况

（一）生态产业扶贫

公司在云南省贫困地区实施杂交构树产业扶贫和生态治理，为解决贫困地区群众脱贫增收、生态环境修复，缓解蛋白饲料、生物质原料危机和确保食品安全提供了新的途径。由保山市浦发扶贫发展基金支持国有企业投资建设构树产业，通过土地流转、种植、管护、保底收购，给当地建档立卡户带来了零离开长期务工发展产业的脱贫收益。该模式带动了广大农户的积极参与，为打赢脱贫攻坚战作出了积极贡献。施甸县何元乡先行先试怒江干热河谷45°山坡地峡谷2600多亩生态恢复构树扶贫种植长势良好，已惠及并带动山坡峡谷地区当地106户贫困户脱贫。此举有效改善了生态环境，做到了"一朝种构树、十年能致富"的生态恢复带贫、产业脱贫的长期效果，提高了当地人民的生活水平，为云南省"三江（怒江、金沙江、澜沧江）流域"杂交构树种植生态恢复扶贫起到了有效的示范带头作用。

（二）生物制炭

在保山市杂交构树集中种植的乡镇区域合作设立生物质削片收购站，把含水率40%~50%的构树木质化枝丫材经过收购站削片粉碎后送到工厂，这样做既降低了物流成本又增加了当地农户的就业及收入。由工厂验收后烘干、炭化，成为合格的生物质炭粉，为炭粉成型或炼硅还原剂提供合格的生物质炭原料。规模生物质单条炭化生产线每小时产生物质炭≥1000千克，实现生物质烘干、炭化工艺过程无烟气无污水排放，达到安全环保要求。按现行硅厂平均收购生物质炭价为3350元/吨，有可观的经济效益。

生产工艺流程：

（1）采用刀片式削片粉碎机将生物质原料粉碎，通过皮带输送进入烘干机干燥，为炭化机提供合格的生物质原料。

（2）生物质气化炉前期造气，对炭化机进行前期升温，即引燃气化炉里的生物质原料（稻壳、木屑等生物质原料），经焖烧所产生的烟气经过干式除尘（解决了水喷淋污水排放的难题）、冷却、净化等过程后，转化为纯净的可燃性气体（一氧化碳、甲烷、乙烷等），作为前期生物质炭化的热源加热，达到600℃左右开始上料炭化，通过控制柜控制生物质炭化温度、上料速度、炭化速度。

（3）生物质炭化主机达到设定温度后开始上料，首先进入预热区把原料剩余水分烘干，之后进入炭化区炭化，炭化温度控制在600℃左右，炭化过程中所产生的烟气返回净化系统，净化之后转化为可燃气循环燃烧，这样利用自体产生的烟气燃烧自体，满足生物质炭化机炭化时所需热能连续生产，达到环保节能的效果。

（4）气化炉产生的生物质炭粉可直接作为原料使用，木醋液和木焦油采用分离器回收，防止炭粉和木焦油堵塞管道，收集的木醋液可销售给农药厂做杀虫剂原料，木焦油可直接销售给防腐材料厂。

（5）制造整套设备所使用原材料均通过国家质量认证，保障设备使用寿命，生物质炭化主机采用耐磨耐高温的陶瓷石棉材料密封，无烟尘排放达到环保要求。

（三）国储经济林

2021年以来，受保山市隆阳区人民政府委托，公司董事长杨湘云作为隆阳区"十四五"计划中重点项目指挥长，肩负着隆阳区重点项目招商引资及其配套项目的产业策划布局、技术咨询服务工作，充分运用公司自身各项专有技术和市场网络及多年建立的人脉关系，为隆阳区服务引入了多项重点项目。其中之一，全面策划布局并开展了隆阳区113.78万亩、总投资97亿元的国家储备林建设项目（包括碳汇林建设项目、碳汇交易分中心设立、森林康养及其相关下游产业配套事宜），杂交构树作为快速见效的经济林，规划发展6.3万亩，发展杂交构树"构–饲–畜"产业和"林–生物质能"产业，预计2024年动工建设。

第五章

杂交构树产业发展的
代表性产品

杂交构树生态农牧业发展正值我国消费者对肉蛋奶和水产品的消费需求日益增长、对食品安全问题高度关注的当下，以高蛋白、种养循环、无抗养殖、食品安全为特色的杂交构树产业一经在我国部分农村出现，就受到当地农民和消费者的好评。尤其值得指出的是，杂交构树生态养殖畜禽水产品，包括猪、牛、羊、鸡、鸭、鹅、兔、鱼、虾、小龙虾等，自进入市场以来，特别是经过权威检测机构的反复检测和消费者的亲身体验后，已经成为广受消费者欢迎的稀缺产品，常常处于供不应求的状况。其中，山东省菏泽市中植构树生物科技有限公司生产的"构饲""菏牛"、安徽宝楮生态农业科技有限公司生产的"大别山构香猪""大别山构香鸡"、重庆东水蓝农业开发有限公司生产的"构饲黑猪"、河南中科康构科技有限公司生产的"楮木香"杂交构树冷鲜肉等，已经成为颇受消费者欢迎的知名品牌。

第一节　杂交构树饲草料产品

一、杂交构树干粉料

杂交构树干粉饲料是将收割后含水70%以上的原料经过粗粉碎、烘干、细粉碎等生产工艺加工后得到的水分含量13%以下的粗干粉饲料的统称。

新鲜杂交构树经过机械化收割，制备成尺寸30~50毫米，水分70%~75%的杂交构树干粉原料；原料经三台加装滚筒筛，再用于对韧性强的构树枝条湿料处理能力达3.5—4吨/（小时·台）的粗粉碎机，粉碎制成成品纤维20~30毫米的粗原料；粗原料经两台产量1.5吨/（小时·台）多环滚筒三回程干燥主机进行干燥处理，再经细粉碎成套机组设备进行细粉碎，制成成品杂交构树干粉饲料。

饲料颗粒直径<1毫米的超细杂交构树干粉适宜饲喂鱼、虾、蟹等水产类

生物,饲料颗粒直径1毫米左右的细干粉适宜饲喂猪、鸡、鸭、鹅等畜禽,颗粒直径1~3毫米的适宜饲喂牛、羊等牲畜。

河南盛华春生物科技有限公司在河南省兰考县建设的国内首条杂交构树干粉饲料加工生产线,产品商标为"盛华春"。杂交构树全株干粉蛋白含量18%以上,成本低、节能、环保、自动化程度高,按杂交构树饲料专用设备特殊设计,一机多用,烘干热源采用国家倡导的可再生生物质颗粒为燃料,硫氮排放低,二氧化碳零排放,符合国家烟尘排放标准的要求,干粉产能3吨/小时。

二、杂交构树预混料

（一）加工工艺

采收。第一年刈割2次,第一次刈割通常在6月底,第二次刈割通常在9月底。第二年刈割3~4次,第一次刈割通常在5月底,第二次刈割通常在7月中旬,第三次刈割通常在9月上旬,第四次刈割通常在每年霜降的前10天刈割完毕。第三年开始以后每年刈割4次,与第二年刈割时间段基本相同。

青贮。应选在天气晴朗时进行刈割。每刈割1次追施复合肥1次。适时灌溉,清除杂草,及时修剪平茬。把收割下来的杂交构树集中加工处理——青贮。在短时间内把收割的杂交构树压实封闭起来,使贮存的杂交构树与外部空气隔绝,造成内部缺氧,致厌氧发酵,从而产生有机酸,可使饲料保存经久不坏,既可减少养分损失又有利于动物消化吸收。

（二）饲料产品

1. 畜禽通用预混料

杂交构树畜禽通用预混料由河南中科康构科技有限公司在河南省太康县生产,产品商标为"楮牧康"。主要成分是杂交构树粉、干酪乳杆菌、枯草芽孢杆菌、产朊假丝酵母、玉米粉、纤维素酶等。使用时每吨全价料添加本品20~40千克。

产品功能:调节畜禽肠道菌群平衡,抑制有害菌生长,预防仔猪营养性和细菌性腹泻。提高畜禽机体免疫力,降低畜禽疾病发生率,降低用药成本,提高养殖效益。开疆促生长，促进僵猪发育；提高仔猪初生重和断奶重；快速育肥，提高出栏整齐度；促进母猪发情及时、准确。保肝护肾、抗菌消炎，有效降低新母鸡病和输卵管炎发病率；改善羽毛光亮度；延长蛋鸡产蛋高峰时间。降低畜禽舍内氨气、硫化氢、吲哚等有害气体浓度，降低呼吸道疾病发生率。

注意事项：本品不能单独饲喂畜禽，应按照推荐量加工成配合饲料后使用。包装打开后应尽快用完，剩余的物料要密封在袋中，避免与空气接触。本品为湿发酵产品，若外观颜色略有变化，不影响产品质量。若有产气现象，属益生菌正常发酵所致，不是质量问题，可放心使用。

保质期：12个月。贮存条件：于干燥、阴凉、通风处保存，切勿与有毒、有害物质混放。包装规格：20千克/袋。

2. 小猪预混料

杂交构树小猪预混料由河南中科康构科技有限公司在河南省太康县生产，产品商标为"科久康"。主要成分：杂交构树粉、猪用复合维生素、猪用复合微量元素、干酪乳杆菌、枯草芽孢杆菌、猪用复合酶、纤维素酶、中草药提取物等。适用范围：小猪阶段，体重在25～60千克之间，按玉米65%、豆粕25%、科久康10%比例配成全价料后使用。

产品功能：促进小猪生长，调理小猪肠道菌群平衡，抑制有害菌生长，预防小猪营养性和细菌性腹泻；开疆促生长，改善皮毛光亮度；提高小猪整齐度；提高小猪机体免疫力，降低疾病发生率，降低用药成本，提高养殖效益；降低呼吸道疾病发生率。

注意事项：本品不能单独饲喂，应按照推荐量加工成复合饲料后使用。包装打开后应尽快用完，剩余的物料要密封在袋中，避免与空气接触。本品为湿发酵产品，若外观颜色略有变化，不影响产品质量。若有产气现象，属益生菌正常发酵所致，不是质量问题，可放心使用。

保质期：6个月。贮存条件：于干燥、阴凉、通风处保存，切勿与有毒、有害物质混放。包装：20千克/袋。

三、全日粮颗粒饲料

杂交构树猪、鸡全日粮颗粒饲料批量生产的企业主要是林盛农业科技发展有限公司，产地为河北省魏县。几年来，公司用于杂交构树种植、厂区建设、设备设施、科技研发、加工生产及为贫困户分红等农业基础投资高达9500万元。为解决杂交构树青贮饲料存放难、发酵饲料运输难、木质素转化难、用户饲喂难等难题，公司在2020年9月投资千余万元购置了年产6万吨的杂交构树全价颗粒饲料生产线，并于2021年5月投入使用。该产品是与国家生物研究中心共同合作研发，营养配方、吸收转化、生产工艺等综合设置调配。颗粒饲料方便运输，存放时间长，稳定性强，大大提高了经济价值。青贮饲料市场售价600~700元/吨，发酵饲料1800~2200元/吨，颗粒饲料3800~10800元/吨（10800元/吨猪宝宝奶粉，别名：开口料）不等。颗粒饲料适口性好，不挑养殖环境，适用于大中小养殖户，产品深受用户好评。颗粒饲料远销北京、湖南、四川、内蒙古、陕西、宁夏、新疆等地。如有产业政策支持，杂交构树产品一定能健康稳定发展。

第二节　养殖畜产品

随着工业化大规模养殖业的发展，各种抗生素、激素催长等化学物质的添加，食品安全令人担忧。人们开始寻找当初的自然味道，寻找那些绿色健康的食物。好的猪肉，需要的是生产者的良心和责任心，杂交构树畜产品就是交出的满意答卷。

一、构饲猪肉

（一）"李茂泉"猪肉

位于山西省临汾市蒲县的蒲县态源生态科技有限公司，是一家杂交构树

"构-饲-猪"种养销一体化企业，公司以法人董事长名字注册了"李茂泉"品牌杂交构饲猪肉，养殖猪种是三元杂交大白猪。"李茂泉"构饲猪肉肌间脂肪是普通猪肉的数倍，外观口感与雪花牛肉无异，所含的不饱和脂肪酸含量也远超国家标准，烹制过程中久炒而不干，且肉香更加浓郁、肉质紧实、弹性十足。

杂交构树发酵饲料是根据气温、湿度、阶段配比。仔猪配比：杂交构树发酵料20%+豆粕18%+玉米62%。中大猪配比：杂交构树发酵料20%+豆粕15%+玉米65%。

饲料特点：属于生物中药饲料，富含氨基酸，100℃内无损伤生物发酵，中药配伍激发杂交构树最大利用率，成品发酵后清香舒畅。适口性好，采食吸收率大幅提高，增强抵抗力。大幅降低便秘、腹泻、粪便氨气味臭味。清除体内毒素、农药、霉菌毒素等所有残留物。有效防治春夏季高热病，秋冬季呼吸道疾病，猪场不再用预防保健药。

养殖方式：养殖基地环境条件好，水源清洁卫生、地势高燥、饲喂有机无抗饲料、保持猪舍环境清洁卫生、加强日常观察、减少疫病发生、低密度专人饲养。

成本方面：杂交构树养殖主要依赖于杂交构树的种植和管理，杂交构树种植的投资成本较低，而且不需要特殊的化肥和农药，因此维护成本也较低。另外杂交构树生长快，叶片丰富，可以提供足够的饲料。

效益方面：杂交构树养猪可以提高猪肉的品质。杂交构树叶片中含有丰富的营养物质，如蛋白质、矿物质和维生素都可以满足猪的生长需求，猪吃了构树饲料后，肉质鲜嫩、口感好、深受消费者的喜爱。

产品品质：经过浙江省杭州市国家食品检测中心检测，杂交构树猪肉与普通猪肉对照数据，喂杂交构树饲料的猪肉脂肪是普通猪肉的1/6，钙含量提高了43.2%，硒的含量增加了153%，胆固醇降低了45.2%，维生素B_1、B_2增加了65%~73%。杂交构树猪肉口感好、不腥气、脂肪低、肥而不腻、胆固醇低。

销售模式：为了让消费者轻松吃到真正的杂交构树无抗猪肉，同时让公司更完整地掌握产业链,把控构树无抗猪肉的品质,公司建立了产地直送专卖店销售模式,新鲜构树猪肉从产地直送达专卖店,没有中间商,保质保量,杜绝以次充好。

(二)"大别山构香猪"猪肉

"大别山构香猪"牌猪肉产地在安徽省霍邱县,由安徽宝楮生态农业科技有限公司生产。该公司是一家专业从事杂交构树种养结合生态循环农业技术研发与可复制产业发展模式的农业科技企业。公司致力于无抗、安全、生态农产品的有机特色经营,以生态链打造为载体,以科技创新增赋价值,实现了公司生态化综合产业的快速发展。企业目前有"宝楮""百富美"以及"大别山构香"品牌系列产品,主要通过杂交构树种养循环资源化综合利用生产模式,全程使用杂交构树生物发酵饲料,以鲜嫩杂交构树为主要饲料原料,经生物发酵处理后全程饲喂,全程不添加抗生素。经第三方专业权威机构检测,农药残留、重金属、抗生素均未检出,同时对人体健康有益的成分显著增加。如构香猪肉蛋白质增加21.7%,达24.7克/100克;多不饱和脂肪酸($\omega6/\omega3$等)尤其是二十二碳六烯酸(DHA)显著增加;矿物质营养,如硒、铁等也大量存在;提高肉质口感风味的营养物质有极大提高,如肌间脂肪、呈味氨基酸含量。

大别山构香猪鲜肉无腥臭体味,肌肉色泽粉红鲜亮有光泽,抗氧化能力强,货架时间长,可长时间暴露于自然环境不变色发黑。食用口感鲜、嫩、香、脆,汁水丰富,细嚼微有甜味,有显著芳香回味;肥肉断面呈暖玉光泽,入口爽脆不腻,入喉无颗粒感和油腻感,余味芬芳,持久不散。

公司杂交构树饲料养猪同比普通饲料养猪有个"一减一加"。"一减"是按每头猪110千克左右测算,饲料成本(杂交构树猪700~900元、普通猪800~1100元)最低可减少80元,抗生素及防疫(杂交构树猪50元、普通猪80元)成本可减少30元;"一增"是杂交构树猪比普通猪市场价每千克毛重售价高5元,每头猪至少增加销售额550元。据此计算,杂交构树猪比普通猪每头最少可以多盈利660元。

（三）"小构叶"猪肉

"小构叶"牌猪肉由湖北小构叶生物科技有限公司在湖北省秭归县生产，猪品种为当地黑猪。"小构叶"猪肉低脂肪，富含不饱和脂肪酸、肥而不腻、瘦而不柴，无须焯水即可烹制，无腥味，还原20世纪60年代味道。零农残、零瘦肉精、零有害化学添加、零激素，生态健康，品质上乘。

公司种植杂交构树，采收后加工成发酵料备用。育肥时全日粮杂交构树饲料配方为63%玉米、21.5%豆粕、1.5%大豆油、10%发酵杂交构树、4%矿物质预混料等。采用圈养方式，养殖270天，料肉比：3.2∶1。

二、构饲牛肉

（一）"菏牛"牛肉

"菏牛"牌牛肉由中植构树（菏泽）生态农牧有限公司在山东省菏泽市生产，牛品种为鲁西黄牛。全球肉牛按饲喂方式，有散养与圈养之分；按投喂饲料的种类，有草饲和谷饲之分。当下市场上的牛肉，在销售推广中，草饲和谷饲是两个不同的卖点。

草饲牛肉，多采取自然放养的方式，肉牛自然采食牧草。因为吃天然的草料，活动量大，所以肉牛的生长速度相对缓慢，肉质也相对坚韧，口感较差，但食品安全性相对更好。

谷饲牛肉，多采取圈舍养殖，因为饲喂过程中添加了玉米、豆粕等能量更大、更易消化的谷物，且肉牛活动量相对较小，所以生长速度相对较快，肌间脂肪含量多，使得肉的口感相对嫩。但是由于谷物当中不免存在转基因、农药残留的问题，所以谷饲牛肉在食品安全性上不如草饲牛肉。

用杂交构树替代谷饲当中的青贮玉米、豆粕等原料，同样采取圈养方式养殖肉牛，是中国独创的养殖饲喂模式。因为在杂交构树的生长过程中，不需要农药，没有农残的影响，从饲料安全性角度看，具备了草饲的优势。采取圈养模式，用青贮杂交构树替代具有转基因和农残隐患的谷物，规避了食品安全的风险。同时由于青贮杂交构树具有更高的瘤胃降解率，含有丰富的氨基酸以及提高免疫力、抗氧化的植物类黄酮物质,会加快肉牛的增重速度,同时使得牛肉口感更细嫩、口味更鲜美,形成了独特的"构饲"风格。可以说构饲牛肉既集合了草饲牛肉和谷饲牛肉各自的优点,又规避了草饲牛肉和谷饲牛肉各自的缺点。从投喂饲料角度看,可以说构饲牛肉是继草饲牛肉和谷饲牛肉后,世界上的第三种牛肉。

构饲,是中植构树生物科技有限公司于2017年注册的商标,旨在彰显"构饲"的独特性,同时也是对众所周知类似"洗个澡的阳澄湖大闸蟹"等行为的防护。针对"构饲"标准,公司一直在探索,期待有朝一日能打破西方按照西餐模式对牛肉标准的控制。

日本的"和牛",是当前高端谷饲牛肉的代表,以其黑牛的基因、肉品外观上肌间脂肪形成的雪花纹以及口感上的滑嫩而著称。菏泽作为中国著名的鲁西黄牛的品种保护地,拥有鲁西黄牛优秀资源。山东省有养殖企业利用鲁西黄牛,按照日本和牛的谷饲养殖模式,也成功地培育出雪花牛肉。

利用构饲的模式,饲喂出中国的高端"菏牛",是在构饲基础上的提升,为此,公司注册了商标"菏牛",并联合了养殖企业、养殖合作社、屠宰场、加工厂等一起发力,以鲁西黄牛为主,力争打造出具有中国标准、自主话语权的高端构树牛肉菏牛。

为了通过终端市场向消费者输出中国独有的构饲概念,让更多消费者体验到中国独有的构饲牛肉,公司专门成立了电商公司和体验门店,整合线上和线下资源,用亲民的价格让全国百姓分享中国独有的高品质构饲牛肉,让老百姓体验到中国菏牛的独特魅力。

(二)"禾佳"牛肉

"禾佳"牌牛肉由禾佳(洛阳)农业科技有限公司在河南省洛阳市生产,牛品种为西门塔尔。用杂交构树青贮饲料饲喂肉牛,可降低养殖成本,产品品质优,市场价格优势大。禾佳(洛阳)农业科技有限公司用新型青贮剂低聚木糖制作青贮饲料饲喂肉牛,效果十分显著。西门塔尔杂交牛平均日增重达1.24~1.42千克,比对照牛增重提高37%~57%,日均增加收益9~13元。牛的皮毛光亮，粪便形态恢复正常，肠道健康。牛肉品质达到绿色食品级别，直供上海市场。安徽农业大学程建波教授使用杂交构树青贮分别替代基础饲粮中50%和100%的苜蓿干草，证明不影响奶公牛生长性能、营养物质表观消化率和瘤胃发酵参数，说明杂交构树青贮可以替代奶公牛饲粮中的苜蓿干草，降低饲料成本，提高利润。

（三）"和构之美"牛肉

"和构之美"牌牛肉由四川朗布克农业科技发展有限公司在四川省安岳县生产，牛品种为西门塔尔。公司从2020年开始种植杂交构树，养殖西门塔尔肉牛，创立"和构之美"品牌。从最初年出栏100头到现在年出栏900头。养殖方式主要采用委托农民一家一户圈养和养殖场放养两种模式，杂交构树青贮饲料添加因牛的生长阶段而不同，50千克到100千克添加20%左右，100千克到500千克添加30%左右，500千克以上添加35%左右，饲肉比9∶1。销售产品有冷鲜牛肉、酱牛肉、熏牛肉、坛子牛肉、牛肉火腿等系列，产品主要销往成渝地区，利用线上线下方式，与品牌火锅店合作，与社区生鲜店合作。鲜牛肉均价22元/千克，加工产品均价33元/千克。综合利润11元/千克，年产值8000多万元，综合利润近2000万元。鲜牛肉色泽鲜嫩干燥，蒸煮炒炖，鲜香可口，入口化渣，细嫩滑爽。高蛋白低脂肪，富含不饱和氨基酸，无抗绿色。

三、构饲羊肉

"构羊"牌羊肉由荣城构羊现代农业（重庆）有限公司在重庆市荣昌区生产，羊品种为湖羊。公司成立于2019年，是一家以种植杂交构树、生产高品质湖羊肉为主，以有机农产品为辅，集食品加工、有机肥、农牧设备于一体的全产业链现代化农业高新技术企业。公司园区总面积1500余亩，种植杂交构树1100余亩，年产鲜构树原料6000余吨，已建成年产3万吨的构树饲料加工车间1个、高标准羊舍1万余平方米，拥有核心湖羊种羊7000余只，年出栏商品肉羊2万余只。销售价格：白条批发价76元/千克，精分割冷鲜肉批发价82元/千克。

针对杂交构树粗蛋白和水分含量较高、夏季高温天气收割后容易腐烂变质、难以保存等问题，将杂交构树和风干玉米秸秆混合，水分含量调至45%，添加2.5千克／吨发酵菌剂后进行袋装发酵，制作杂交构树+秸秆混合发酵饲料。以杂交构树+秸秆混合发酵饲料作为主要粗饲料饲喂哺乳期湖羊母羊和育肥羊。

（一）饲草调制

杂交构树+秸秆混合发酵饲料，开始发酵7天后pH值降至4.19，到第90天，pH值一直维持在4.2以下，具有很好的储存稳定性。混合发酵可有效降低杂交构树—玉米秸秆粗纤维含量、提高粗蛋白含量，粗纤维和粗蛋白含量分别达到21.93%和7.73%，同比分别降低10.56%和提高6.04%。

（二）饲喂哺乳期母羊效果

饲料配比（干物质基础）：玉米14%、豆粕12%、小麦麸6%、菜籽粕4%、混合发酵构树50%、燕麦干草10%、小苏打1%、食盐1%、预混料1%、碳酸氢钙1%。

养殖效益：饲喂发酵构树能有效缓解母羊产后体重损失，哺乳期平均每天体重损失17.28克，羔羊平均日增重最高为180.52克，分别比对照组高84.15%和16.02%。

（三）饲喂育肥羊效果

以育肥羊体重16千克、日增重300克营养需要为标准，在干物质基础上进行湖羊育肥羊日粮配方设计。饲料配比（干物质基础）：玉米15%、豆粕5%、小麦麸5%、菜籽粕11%、混合发酵构树60%、小苏打1%、食盐1%、预混料1%、碳酸氢钙1%。

养殖效益：饲喂发酵构树能有效提升育肥羊采食量和日增重，平均每天采食量达到3.5千克，平均日增重达到260.6克，分别比对照组高9.37%和10.05%。

四、构饲鸡蛋

（一）"构意思"构香蛋

"构意思"牌构香蛋由构意思食品科技（北京）有限公司生产，产地在北京、河北、河南等地。河南省科学院杂交构树工程技术中心研究表明，蛋鸡饲喂发酵杂交构树全株饲料可在一定程度上提高蛋黄颜色、提升蛋品质及鸡蛋中部分营养指标含量。围绕畜禽产品注册"构意思"商标，研发一款杂交构树新食材——"构意思"构香蛋。

"构意思"构香蛋相较于普通鸡蛋鲜度、口感明显提升，营养价值含量如氨基酸、不饱和脂肪酸、维生素、微量元素等的指标显著提高。

"构意思"构香蛋产品定价40元/盒，48枚装/盒，若按照平均蛋重53g/个，约合售价15.72元/千克，2024年3月份普通鸡蛋市场售价约7.74元/千克（信息来源：河南省农业农村厅官网畜产品集市价格比较表），则构香蛋增加收益7.98元/千克，相比提高103.10%。京东平台楮木香官方旗舰店的散养构树鸡蛋标价99元/箱，50枚鸡蛋/箱，净重约2.2千克/箱，约合售价45.0元/千克。

按照试验时豆粕价格3500~5230元/吨，发酵杂交构树全株饲料2200元/吨，蛋鸡饲粮中添加2.5%~4.5%比例发酵杂交构树全株饲料预计可降低饲料成本32.50~136.35元/吨。研究表明，饲粮中添加发酵杂交构树饲料可改善蛋鸡与肉鸡血清生化指标，提高机体免疫性能，因此可减少养殖过程中的兽药使用、有效降低死亡率，从而降低部分养殖成本。

（二）"鲸头"鸡蛋

"鲸头"牌鸡蛋由温州市鲸头蔬菜种植专业合作社在浙江省温州市生产。公司种植杂交构树加工鸡饲料，以散养模式饲养构树土鸡，全场喂养以构树干粉饲料按照既定比例加入玉米、豆粕、麦麸等混合使用，零添加，肉质紧实、细腻，有农家肉香味，肉质鲜美，汤汁浓郁清香。

所产杂交构树鸡蛋具有几个明显特征：一是蛋黄大，二是口味变化明显，香而不腥，检测指标更是具有明显优势。公司农场构树土鸡以散养模式饲养，使用杂交构树饲料大大提升了鸡蛋的品质，增加了蛋白质含量和改善脂肪酸组成，胆固醇低提高了鸡蛋的营养价值，鸡蛋蛋黄细腻，颜色黄里透明，无腥味。

配比：1.5%~2%杂交构树叶可以增强3~9周龄蛋鸡对新城疫的免疫力。在产蛋中期的蛋鸡日粮中添加不同水平的构树叶均可增加蛋重，以2%添加效果最佳（注：构树干粉饲料按照既定比例加入饲料中，包括蛋白质、碳水化合物、脂肪、维生素和矿物质等）。

养殖成本：杂交构树蛋鸡饲料的使用可以在一定程度上降低饲料成本，减少豆粕数量。具体的成本和效益会受到多种因素的影响，如饲料价格、鸡的产蛋率、市场需求和销售价格等。

养殖方式：蛋鸡的养殖，由于杂交构树饲料颗粒料的缺失，无法将其应用于自动化养殖。该农场采用的散养模式，采用自动投食模式，大大降低了人工成本。尽管其小规模人工饲喂生产的鸡蛋品质更高，但因为份额太小，市场影响力较弱。

销售价格：鸡蛋的销售价格通常受到市场供求关系、产品品质和品牌等因素的影响。杂交构树蛋鸡饲料能够带来更好的产品品质，目前市场售价40元/千克，有机会在市场上获得更高的价格，提高收益。

五、构饲山羊奶

世界羊乳看中国，中国羊乳看陕西，陕西羊乳看富平。杂交构树山羊奶由陕西康构草业科技有限公司在陕西省富平县生产，品种为关中奶山羊。奶山羊产业是我国奶产业的重要组成部分，随着人们生活水平的提高，对高档乳品的需求与日俱增，奶山羊产业进入快速发展阶段。但是优质蛋白饲料的缺乏，影响着产奶量和羊奶品质。公司专注于奶山羊TMR全混合日粮的研发、生产、健康饲喂服务指导，杂交构树种植及产品深加工，生物发酵饲料研发、加工、销售及高品质羊奶饲料研究等产业化经营。目前公司已投入资金1000多万元，建成占地800亩的杂交构树育苗示范基地，在富平、汉阴、石泉共建1000多亩的杂交构树种植示范基地，托管红星乳业的万只奶羊场发展绿色生态奶源，8个奶山羊标准化养殖饲喂科研实验示范基地。在刘集镇建成占地20亩的奶山羊TMR全混合日粮配送中心，是富平县乡村振兴产业示范主体，与西北农林科技大学联合组建奶山羊疾病与营养研究院。通过养殖技术现场指导、土地流转、劳务、营养专家走进农户贴心帮扶等模式，探索了"公司+养殖场+贫困户"产业帮扶模式，向养殖户提供TMR全混合日粮营养配方技术，帮扶100余户贫困户发展奶山羊养殖及杂交构树优质饲草种植，使养殖户的收入得到持续稳定提高。

结果表明，日粮中添加10%以上杂交构树发酵饲料饲喂关中奶山羊，可提高奶山羊的采食量和产奶量，产奶量增加21.56%，达到2.18千克/天，饲料成本降低0.26元/（天·只），平均日产奶量提高0.36千克/只，根据当地羊奶价格平均每日增加利润2.69元。同时，杂交构树发酵饲料的添加延长产奶高峰期，延缓奶山羊在泌乳盛期到泌乳中期过渡时产奶量的下降速度；降低羊奶中氨基酸的总量，但可提高奶中功能性脂肪酸的种类及比例，显著提升羊奶品质，如羊奶的棕榈酸含量提高40.1%，油酸含量提高55.8%，亚油酸含量提高31.9%，二十四烷酸提高38.1%，DHA含量提高39.2%，EPA含量提高33.7%。

第六章

杂交构树产业发展
效益评价

杂交构树产业已初步构建了以农牧业一产为主、二三产为辅的格局，"以树代粮、种养结合"的循环产业模式，特别是乡村百姓生产、生活、生态"三生"结合的明显效益。

第一节　行业发展引领

大力发展杂交构树"构-饲-畜"种养结合循环经济模式，有利于破解畜牧业三大瓶颈难题。青贮杂交构树干中粗蛋白含量为20%左右，中性洗涤纤维和酸性洗涤纤维分别为46%、34%，粗脂肪为4.9%，矿质养分钙和磷分别为1.74%、0.36%，是一种优质非粮蛋白质饲草料，可以替代部分豆粕、玉米和苜蓿，缓解"人畜争粮"的矛盾。在大量边际土地、低产田和闲置农地等种植杂交构树，结合"粮改饲"供给侧结构性改革，规模化生产蛋白原料，可化解"粮饲争地"难题。如果将我国每年进口的大豆自己种需要约7亿亩耕地，如果种植杂交构树1亿亩就可以补足目前蛋白质饲料的缺口，从根本上解决饲料原料紧缺问题，真正把饭碗端在我们中国人自己的手里。

杂交构树抗性强，耐病虫害，生长过程不打农药，能有效控制农药残留，从源头上就有安全保障。杂交构树是药食同源植物，叶片类黄酮含量达5.38%，富含果胶等生理活性保健物质，能提高禽畜免疫能力，在饲料加工和养殖过程中也无须使用抗生素、增长剂、瘦肉精、防腐剂等化学添加剂，解决养殖过程中的防疫抗生素等药物超标问题，为餐桌食品安全和人们身体健康提供了可靠的保障。同时，杂交构树氨基酸总量高，含18种氨基酸，种类齐全，富含风味氨基酸和人畜必需氨基酸，养殖畜禽能显著改善畜产品的风味和提升品质，腥味膻味降低，肉质肥而不腻、瘦而不柴，形成独特的构香味。

杂交构树根系发达，生命力和适应性、抗逆性都十分强劲，可在年极端低温-20℃、年降雨300毫米、含盐量6‰的环境中原土种植，是在江河湖泊岸边、

海岸滩涂及干旱、瘠薄、盐碱、石漠化、沙化土地与矿山等地进行植被构建和
生态修复的理想树种。同时,杂交构树还具有释氧固氮、吸附二氧化硫、滞留
烟尘、富集转移多种重金属、减少雾霾和酸雨生成的生态功能,加之树形美
观、容易种植和便于管理,也可望为我国乡村绿化美化、实现"生态宜居"作出
贡献。同时,杂交构树对粪污的消纳能力强,是普通作物的2~3倍,养殖过程中
产生的粪污废水经过沼气池发酵后,作为有机肥回到杂交构树种植园,既满足
了杂交构树生长所需养分,又解决了养殖面源污染的问题,形成杂交构树"种–
养"结合生态农牧业的有机循环。此外,发展杂交构树生态农牧业还可以将人
类不能直接利用的、作物总生物产量的秸秆、鼓皮、糟渣等农业副产品,与杂交
构树蛋白质饲草料配合生产全价饲料用于养殖,以最简单的方式实现最大限
度的转化增值,生产有机肥料反哺种植业。这也是化解长期以来由秸秆燃烧引
发空气污染难题、提高资源利用率,促进农业良性循环的重要途径。

　　由此可见,发展杂交构树饲料产业可有效解决畜牧业"蛋白总量不足、农
残抗生素超标、粪便面源污染"三大瓶颈问题,为中国人从吃饱到吃好、吃出
健康提供强有力的科技支撑。

第二节　区域经济发展

　　杂交构树生态农牧业是一个涵盖"育苗—种植—采收与饲料加工—养殖
与产品加工—销售—沼、电、肥"完整产业链的大产业集群。相较于普通养殖
产业,其最大的特点和优点在于实现了真正意义的种养循环。而且,在杂交构
树生态农牧业的完整产业链中,既包括第一、第二产业,也包括第三产业。把
杂交构树生态农牧业做大做强,对于促进农村一二三产业的融合发展、带动地
方区域经济发展具有重要现实意义。

　　以杂交构树"构–料–牛"现代农业产业园为例,采取"企业投资带动+政
府政策及资金支持+合作社+基地"的联合运作模式,5年内发展杂交构树10万

亩，主体养殖肉牛20万头，可形成年产值100亿级产业集群，打造乡村振兴可复制推广的产业样板，实现区域经济高质量发展。主要建设内容包括：

1. 杂交构树组培工厂化育苗基地。建成年产5000万株以上组培大量快繁种苗基地。

2. 杂交构树"种－养"一体化示范园。种植杂交构树，包括饲料加工储藏、养殖示范小区等，建设成为杂交构树样板园基地，可进行实训、交流、学习。

3. 杂交构树博览园，包括构树文化科技展示陈列馆、产品体验园、观光休闲中心。

4. 杂交构树饲料种植园。以农户、专业合作社为主种植杂交构树10万亩，规模化种植生产饲料。

5. 杂交构树饲草料加工基地。在杂交构树种植地附近建设杂交构树青贮料、干粉和全日粮饲料加工厂。

6. 杂交构树牛肉养殖基地。公司建设种牛场，繁育优良牛犊，由养殖合作社和企业进行商品牛养殖。

7. 肉牛屠宰加工基地。宰杀肉牛等供应各大超市和各区县农贸市场，确保肉品既生态又环保；必要时可生产部分肉食加工制品。

8. 设立销售中心。开展线上线下销售杂交构树系列产品，重点打造杂交构树"构饲牛肉"品牌。

第三节　生态效益

一是可以加快生态治理步伐，为我国西南西北地区生态系统的保护和修复提供有效解决方案。我国是全球荒漠化、石漠化、盐渍化和水土流失最为严重的国家之一，尤其是西南、西北一些地区，土地贫瘠、干旱缺水，自然基础薄弱，有的还属于严重荒漠化、石漠化和盐渍化区域。在这些地区种植杂交构树，无疑可以助推这一问题的解决。对此，中科院方精云院士就在实地调研后表明,杂交构树对抵制地表径流、治理水土流失及阻止土地沙化有显著作用,有助于水土保持和石漠化治理,促进生态修复,保障生态安全。前些年国家"构树扶贫工程"在西南等地的实施也表明,通过发展杂交构树产业实施生态扶贫和生态治理,不仅可以为当前的脱贫摘帽作出独特贡献,还可以为当地生态系统的保护修复,促进当地生态环境持续改善和经济社会可持续发展提供有效解决方案。

二是可以优化国土绿化的树种配置,为提高乡村绿化美化的质量和效益作出贡献。由于种种原因,我国的国土绿化在取得举世瞩目成就的同时,也存在着不同程度的质量、效益不够理想等问题。其中一个重要原因是树种比较单一。杂交构树因其优良的生物特性已被实践证明为国土绿化的理想树种,正好可以通过发展杂交构树产业参与其中,为国土绿化做贡献。资料显示,2012年,在北京市园林绿化局和北京林业大学联合启动的为首都平原百万亩造林工程提供科技支撑的课题研究中,杂交构树就被列入低耗、高抗、多功能造林的乡土树种,成为首都平原造林新品种、新技术和新材料集成应用及模式研究的重要内容。

三是可以拓宽环境污染防治的途径,为打赢污染防治攻坚战发挥一定作用。首先,用杂交构树饲料喂养畜禽的粪便可以直接加工成有机肥,或用于沼气发电,这是构树扶贫工程的实践证明了的一个客观事实,对于从根本上解决长期以来严重困扰我国畜禽养殖业发展三大难题之一的"环境污染"而言,无疑是一条有效途径。其次,杂交构树具有极强的释氧固氮、吸附二氧化硫、滞留烟尘、富集转移多种重金属、减少雾霾和酸雨生成等污染防治功能,这对于打赢污染防治攻坚战而言,其作用也不可小觑。譬如,2014年暑假由山东大学9名大学生组成的"微尘调研团",经过对济南市区21种常见行道树单位叶面积滞尘量一个月的测定数据就显示,杂交构树滞尘能力最强,达到15.52克/平方米。由此也表明,大力发展杂交构树产业,不失为通过生物措施有效提升环境污染防治能力的一条新路径。

四是可以作为矿山废弃地植被恢复重建的首选树种,为我国矿山修复拓展新的路径。我国是一个矿产资源大国，但是，长期以来由于开采方式落后，开采过程中形成的露天采矿场、排土场、尾矿场、塌陷区以及受重金属污染而失去经济利用价值的土地成为矿山废弃地，严重破坏了矿区的生态环境，也给周边地区带来了不同程度的环境污染和土地资源的减少。为了解决这一问题，我国政府十分重视矿山废弃地的生态恢复（复垦）工作。鉴于矿山废弃地生态恢复同所有生态系统的恢复一样，都是以植被恢复为前提，适宜树种的选择则成为其中关键的一环。而由中国科学院植物研究所等机构在河北唐山迁安市、福建省三明市大田县等矿山废弃地进行的人工造林试验表明，杂交构树生命力、抗逆力强，而且速生，根系发达，侧根系分布幅冠大，形成网络状，具有很好的固土作用；且抗风防沙功能强，对粉尘、烟尘和二氧化硫等有毒气体的抗性也很强，不仅适宜在矿山废弃地生长，而且其落叶和根系的根瘤菌具有很好的森林自肥效果，可以作为矿山废弃地植被恢复重建的首选树种。

第四节　农民就业增收

首先，发展杂交构树产业可以有效增加种植农户和养殖企业的收入。据国务院构树扶贫工程试点效益评估资料显示：贫困户单是种植杂交构树饲料原料林，当年每亩年平均收入就可达到3000元左右，远远高于全株青贮玉米〔1450元/（年·亩）〕、紫花苜蓿〔1800元/（年·亩）〕的收入。其中，重庆云阳县东水蓝农业开发有限公司采取"送苗包收"方式，鼓励贫困户种植杂交构树，每亩年产杂交构树鲜枝叶6吨以上，公司按600元/吨价格收购，种植农户收入至少3600元/亩年，远高于当地种植玉米或红薯〔900元/（年·亩）〕左右的收入。至于用杂交构树饲料养殖畜禽、水产品，由于品质好、有益于人类健康，其经济效益则更加可观。如广西河池市环江县用杂交构树饲料喂养"环江菜牛"的价格与传统饲料养殖的菜牛相比，每头增收50%~200%。广西然泉农业科技有限公司用杂交构树饲料喂养的黑猪肉市场零售价格最高时甚至达到100元

/0.5千克以上。河北省魏县林盛公司用杂交构树饲料喂养的"构树蛋"价格也比普通鸡蛋高出1~2倍。重庆云阳东水蓝农业开发有限公司在实现用杂交构树饲料喂养的黑猪售价比普通饲料喂养的同类猪肉高出50%以上的基础上，算了一笔总账：300亩杂交构树至少可养3000头黑猪，按保守价每头6000元计算，可创造价值1800万元，除去所有成本（按3000元/头计），可实现养殖利润900万元。

其次，发展杂交构树产业可以有效降低养殖业的生产成本。这是因为：杂交构树一次栽种可连续收获15~20年，无须年年换苗、整地，还能保持水土，可节约种苗投入和管理成本；杂交构树在其生长过程中不必打农药，在其饲料制作过程中不必添加抗生素、瘦肉精等添加剂，可节省农药和添加剂开支；杂交构树饲料因其农残、重金属等有害物质远远低于传统饲料，能够大大提高畜禽、水产动物免疫力和健康度，可以减少动物防疫、治病的支出；用杂交构树饲料喂养的畜禽粪便经简单处理后即可变废为宝，作为有机肥还田利用，既可减少化肥费用，还可节省污染处理开支。据综合测算，相较于普通饲料，用杂交构树嫩枝嫩叶做畜禽、水产品的饲料，至少可使生产成本降低20%以上。

同时，可以为农民提供就地就近就业创业机会。杂交构树产业是承工启农的中轴产业，它上带种植业、饲料工业，下连畜产品加工业，还有对劳动力的吸纳能力，可以使广大农村富余劳动力就地转移，充分就业，进一步拓宽农民增收渠道。在一些有政府引导和龙头企业带动，大力发展"一乡一品""一县一特"等杂交构树生态农牧业特色支柱产业的地区，当地农民通过土地出租或入股分工、参与经营、务工等途径获得的收益，更是其他传统产业无法比拟的。

另外，由于杂交构树生命力强、适生范围广，而且长得快、产量高，还易于种植、便于管理，特别是杂交构树产业具有很好的经济效益，农民不需要离土离乡，只要在自己的土地上种植杂交构树饲料林，或者在自己的家乡创办杂交构树产业，或者就地就近参与杂交构树生态养殖产业的生产、经营，就可以获取很好的经济效益，自然受到杂交构树适生区域农民的欢迎。一旦他们从实践中了解到这种可以就地就近创业就业的良好机会，就会很快参与进来。譬如前些年在云南、贵州一些实施构树扶贫工程的地方，有些外出打工的农民看到在家种植杂交构树的实际收入比在外打工还合算，就曾出现返乡种植杂交构树的现象。

第五节　促进科技进步

一是可以有效普及农业科技知识，增强农村干部群众学科技、用科技的自觉性。创新驱动发展战略的核心是科技创新。杂交构树生态养殖产业就是运用我国科学家科技创新的重大成果——全球首个高蛋白、多功能杂交构树新品种发展起来的一个创新驱动型生态大产业。其最大特点和优点，就是依靠科技创新驱动产业发展，促进科技成果转化为我国生态养殖产业的现实生产力。实践表明，杂交构树的生物特性和饲用功能无论是从检测结果还是从实际效果看，均超出人们的预期。其对于推动当地干部群众进一步确立"科学技术是第一生产力"的观念、促进科技知识普及推广、强化农业科技支撑的重要作用，是可以想见的。

二是可以为我国相关领域发展生物科技和生物产业、多渠道开发食物资源发挥示范作用。杂交构树生态养殖作为一个新兴的生物产业，其源头来自中国科学院植物研究所沈世华研究团队成功选育的杂交构树新品种——"科构101"。正是作为我国饲料原料新资源的杂交构树在我国畜禽水产养殖中的良好表现告诉人们，它比普通饲料更具功能优势和发展潜力，进而催生出杂交构树生态养殖这个新兴的生物产业，生产出颇具特色的健康食物新品种，也彰显出生物科技、生物产业在构建多元化食物供给体系中的主导作用。这对于目前正试图通过发展生物科技和生物产业构建多元化食品供给体系的人们，无疑具有很好的借鉴和示范作用。

三是可以促进杂交构树生态养殖相关技术的进一步研发，推动杂交构树生态养殖产业迈上新的台阶。杂交构树生态养殖作为一个新兴的生物产业，目前还处于起步阶段,相关技术问题层出不穷,相关产业配套问题也不少;将来杂交构树生态养殖产业进入正常发展阶段后,也会有新的问题产生。而所有这些问题都只有随着杂交构树生态养殖产业的发展才能充分呈现,也才能得到解决。由此也表明,发展杂交构树生态养殖,恰恰是促进杂交构树生态养殖相关技术和配套措施的研发,进而推动杂交构树生态养殖产业迈上新的台阶,更好保障构建多样化食物供给体系的必由之路。

第七章

杂交构树产业发展
趋势与对策

第一节　产业发展趋势

各地实践表明，杂交构树产业自2014年作为国务院扶贫办十大"精准扶贫工程"之一的产业化项目走上我国农牧业发展的历史舞台以来，经历多年的发展，在助力脱贫攻坚的同时，还通过自己的实践探索，为有效破解长期以来我国养殖行业面临的"蛋白饲料奇缺""食品安全堪忧""环境污染严重"三大制约瓶颈，取得了积极的成果，积累了丰富的经验，为促进我国养殖产业健康可持续发展初步展现出广阔的发展前景。

杂交构树产业扶贫工程在我国打赢脱贫攻坚中做出了积极贡献，已经完成它的历史使命。目前，在接续推进巩固拓展脱贫攻坚成果与乡村振兴有效衔接的历史背景下，杂交构树产业正处在由服务于国家脱贫攻坚战略、着力满足贫困农户脱贫致富需求向着服务于国家乡村振兴和食品安全战略、着力满足全国城乡居民多样化优质健康食品需求的历史性转变中。杂交构树产业作为实施乡村振兴和食品安全战略的重要抓手，又将迎来一个加快发展的历史机遇期。

基于对杂交构树优良的生物特性和功能优势的科学认知，以及杂交构树产业初步展现的对于满足城乡居民日益增长的多样化优质健康食品需求的广阔前景，加之2024年《政府工作报告》关于"加快发展新质生产力"工作任务的提出，人们有理由相信，在今后一个不会太长的历史时期，我国杂交构树产业发展必将呈现出日益向好的"七大趋势"。

一、产业区域将逐步拓展

首先，是饲用杂交构树种植区域的拓展：一是由贫困地区农村逐步拓展至条件适宜的广大农村；二是由在一般耕地种植逐步拓展至在条件适宜的大量边际土地种植，如荒山、荒沟、荒丘和荒滩"四荒地"，路旁、水旁、村旁和宅旁

"四旁地"等；三是结合生态环境治理，拓展至在条件适宜的荒漠化、石漠化、沙漠化、红漠化、盐渍化土地和城市、工矿、采石废弃地等生态修复地种植；四是配合国家共建"一带一路"倡议，在条件适宜的"一带一路"沿线国家和地区种植。

其次，杂交构树养殖区域的拓展：一是由贫困地区的养殖农户和养殖企业拓展至条件具备的广大农村，特别是畜牧业大省的广大农村；二是由农区拓展至牧区，特别是内蒙古、新疆、甘肃、宁夏、青海、西藏等传统牧区，其中有些地方或许并不适宜杂交构树种植，但是随着杂交构树种植在其他区域的扩大和杂交构树饲料供应链向广大牧区的不断延伸和完善，决定了杂交构树养殖产业向这些区域的逐步拓展，同样是可以预期的。

二、产业链条将逐步延伸

首先，是杂交构树生态种养产业将由"种养分离"逐步延伸、发展成"种养循环"，从而在相关企业内部或相关区域内部形成一个融育苗、种植、饲料加工、畜禽水产养殖、终端产品销售和养殖粪便还田再利用等诸多必要环节于一体的完整产业链，实现产供销一体化的有效衔接和协调发展。

其次，是随着杂交构树多种功能的逐步开发利用，杂交构树产业还将逐步向菌菇养殖、食品与饮料、保健品与化妆品、生物制药、制浆造纸、人造板、生物制炭、精细林化工、生物质能源、生态治理与国土绿化、有机肥生产、机械制造等诸多产业延伸，形成一个以杂交构树为源头、各分支产业紧密衔接的超大型杂交构树集群。

最后，是随着农林牧渔等一产规模化、集群化发展，推动向二产的工业加工、提取、制造等，以及三产的销售、金融、文旅、康养等融合发展，逐步形成三产促二产、二产带一产的高质量发展态势。

三、政府角色将逐步转变

随着杂交构树产业扶贫工程的结束和国家相关行业主管部门的职能调

整，我国杂交构树产业发展的政府管理职能已由原国务院扶贫办转归农业农村部及国家乡村振兴局。各级农业农村及乡村振兴部门也相应地由推动我国杂交构树产业发展的配角变成了主角。

与此同时，杂交构树产业发展由"扶贫"走向市场，已成为企业行为，而不再是政府行为。作为杂交构树产业发展新的行业主管部门，各级农业农村及乡村振兴部门在杂交构树产业发展中的角色定位，将由产业发展的政治动员者和直接推动者逐步转变为产业发展的引导者、服务者和市场秩序的提供者、监督者，在规划制定、政策引领、社会管理、公共服务、规则制定、纠正失灵、市场监管等方面发挥不可替代的重要作用。

这对于从国家层面有效推动杂交构树产业在我国农村的大发展，不失为一大利好。而且，随着时间的推移，这种利好定将日益明显地展现出来。

四、内生动力将逐步增强

回顾杂交构树产业发展的历程，在"构树扶贫工程"实施初期，各地参与企业和相关农户由于不了解杂交构树优良的生物特性和功能优势，对杂交构树产业发展的前景心中无数，大多处于"要我干"的被动状态，其中抱有"试试看""撞大运"甚至"钻政策空子"心理的企业家也大有人在。如今，随着"构树扶贫工程"实施以来杂交构树产业发展的经济、社会和生态效益的初步显现，特别是受一批依靠自己的力量坚持至今、发展良好的杂交构树种养循环企业的示范带动作用的影响，将有越来越多的杂交构树企业相继由"要我干"的被动主体转变为"我要干"的自觉主体，许多因对杂交构树产业缺乏科学认知，曾一度持观望态度的企业将主动参与到杂交构树产业发展的行列中来。

此外，一些原因导致原有产业发展受阻、急需产业转型的企业也将受"内生动力"的驱使，有选择地转向发展杂交构树产业。

五、产业规模将逐步扩大

首先，是以饲用功能开发应用为主旨的杂交构树生态养殖产业将由小型、分散、粗放、低效的中低端企业逐渐向集约、高效的大型企业发展。未来几年，将在全国范围内陆续出现一批杂交构树生态养殖领域的大型乃至超大型龙头企业，其中即将产生一批以杂交构树为原料来源的杂交构树生态饲料产业巨头和一批以营养丰富、无抗养殖、食品安全为特征的杂交构树生态养殖产业巨头，还将产生涵盖杂交构树生态养殖产业全产业链、真正实现种养循环的大型甚至超大型产业集团，成为一定区域乃至全国杂交构树生态养殖行业发展的龙头。

与此同时，针对杂交构树饲用功能以外的多功能开发也将出现一个新的局面。最近几年，除肉、蛋、奶和水产品以外，以杂交构树为源头的食品与饮料（包括菜蔬、菌菇、茶叶、饮料等）产业，生态环境治理（包括防沙治沙、盐碱地治理、矿山修复等）与国土绿化产业将得到较快发展。在人们可以预见的一个不太长的时期内，保健品与化妆品产业、生物制药产业、生物制炭产业、精细林化工产业、生物质能源产业将陆续登上我国生态产业发展的历史舞台；制浆造纸、人造板等传统产业将逐步转型升级。其间，有机肥生产、机械制造等相关产业也将得到适应性同步发展。一个多功能、超大型，兼具经济、社会、生态效益的杂交构树生态产业集群将随着这些分支产业的发展逐步形成。

六、发展模式将逐步完善

今后几年，一个有利于调动广大企业（尤其是大型龙头企业）和农村农业合作社或农村种养大户"两个积极性""两条腿走路"的杂交构树产业发展模式将应运而生。

首先，是在实施"构树扶贫工程"中形成的"自主种植""入股分红""务工就业""种养联动""企业带动"等小型、分散、低效、产供销脱节的带贫发展模式将逐步被"龙头企业+基地+农户或农业合作社+终端产品销售"的"产供销一体化"的大型、高效、集约化经营的产业发展模式所取代。原带贫模式中的合理成分将被充分吸纳到新的产业发展模式中来。

其次，是各地还将因地制宜，逐步形成一批以县乡政府为主导、以村农业合作社或农村种养大户为单元、以订单农业为特征的自种、自养、自销的"抱团取暖"的发展模式。

七、市场拉动将逐步加大

可以肯定的是，随着杂交构树生态养殖产业的大发展，其终端产品（包括肉蛋奶和各类水产品）的销售将逐步迎来一个由目前的高端、小众消费向未来的普通、大众消费扩大的历史性转变。这既是杂交构树产业发展的大趋势，也是其为广大城乡居民提供优质健康安全食品的初心所在。

还可以肯定的是，随着上述杂交构树生态养殖产业终端产品消费群体的扩大，必将反过来更加有力地拉动其产业链的发展，进而实现其产业链与供应链的良性循环。在此情况下，如何实现产销对接，必将成为充分发挥市场对产业发展的决定性作用的关键环节。

第二节　存在的主要问题

一、社会认知缺乏

杂交构树产业自从作为"构树扶贫工程"的主体产业诞生以来，一直以扶贫为主旨，各项工作主要靠国家扶贫政策推动，并大多以文件和会议的形式进行传播推广，很少通过大众传媒开展舆论宣传，即使在特定的时间节点上进行有限度的宣传，也只突出扶贫主题，而不涉及杂交构树产业发展本身的内在规律、相关知识及其广阔前景，加之宣传手段单一，宣传范围又往往局限于扶贫工作系统内部和"构树扶贫工程"试点区域，因此社会认知度十分有限。而且实施"构树扶贫工程"后期，一些地方政府根据自然资源部和农业农村部2019年1号文件关于"永久基本农田不得种植杨树、桉树、构树等林木"的表述，误将作为林木的"野生构树"混同于作为饲料原料来源的"杂交构树"，杂交构树产业一度处于严重衰退状态，对其进行正面宣传更是无从谈起。到目前为止，尽管杂交构树产业发展得到一定程度的恢复，其社会认知度和国家相关部门的重视程度仍然不高，不少社会公众，包括相关领域的一些党政领导干部，甚至不知道杂交构树为何物，更不知道杂交构树产业作为一个新兴产业对于贯彻落实国家乡村振兴和食品安全战略、促进我国经济社会发展具有怎样的意义和作用。

二、土地利用不够

一是在耕地利用上，相关政策仍然不够明确。2014年12月3日，国务院扶贫办发表精准扶贫工程报告时，把杂交构树产业扶贫工程称为"构树扶贫工程"。2019年1月3日，自然资源部和农业农村部《关于加强和改进永久基本农田保护工作的通知》（自然资规〔2019〕1号）文件中规定"永久基本农田不得种植杨树、桉树、构树等林木"，这里的构树指的是野生构树，为了支持"构树扶贫工程"并区别与"杂交构树"的不同，原国务院扶贫办、农业农村部和自然资源部于2019年11月8日印发的《关于构树扶贫试点工作指导意见的补充通知》中，明确允许杂交构树在一般耕地上作为饲料种植，尽量避开永久基本农田。尽管如此，到目前为止相关主管部门仍然没有就扶贫试点结束以后杂交构树作为饲料原料种植能否享受与苜蓿、青贮玉米等饲料用地的同等政策作出明文规定，使得许多杂交构树种植企业仍然担心用地政策不稳定而裹足不前，进而导致杂交构树产业发展严重受阻。

二是在林地利用上，相关政策尚未跟进配套。人们注意到，在2019年2月14日国家林业和草原局印发的《关于促进林草产业高质量发展的指导意见》中，首次将建设木本饲料（内含杂交构树、饲料桑等——笔者注）经济林基地作为重点工作，并列入推动经济林产业提质增效的示范基地建设范围。但是，迄今为止，还未见国家林业和草原局关于发展杂交构树等木本饲料的配套政策出台。

三是在边际土地利用上，仍处于政策模糊地带。按理说，无论从国家层面还是地方政府层面，均应对相关企业和农户在条件适宜的荒地、瘠地、旱地、沙地、河滩地、盐碱地等边际土地上种植杂交构树给予鼓励和扶持。然而，现实情况却是：这些边际土地分属于不同部门管理，常常出现有的支持、有的反对、有的不予理会的状况，相关土地利用一直处于政策模糊地带，使得一些参与杂交构树产业发展的企业和农户无所适从。

四是在荒漠化、石漠化、沙漠化、红漠化、盐渍化土地治理的利用上，缺乏鼓励措施。到目前为止，国家对这些土地治理虽有明确的扶持政策，但对于利用这些土地种植杂交构树却没有明确的鼓励和扶持措施，致使杂交构树在这些区域的种植仍然少人问津，处于"基本空白"的状态。

三、技术标准不全

有关杂交构树的种植、采收、饲料加工、养殖等方面研究者已做了不少研究，并制定了饲料、主要畜禽养殖的团体标准，基本上可以支撑产业的操作，当然还需要在大规模生产实践中不断完善。当前最急需的研究成果和技术标准主要是养殖终端畜产品板块。

从终端产品板块看，目前杂交构树产业产出的肉、蛋、奶和水产品的质量认定，均处于由生产企业自行委托相关检测机构进行检测认定的初始阶段。譬如，安徽华好生态养殖有限公司委托安徽省食品药品检验研究院，按照国家食品安全标准对其生产的生乳（构树奶）进行检测；河北魏县林盛农业科技发展有限公司和四川成都安之源生态科技有限公司分别委托华测检验认证集团北京有限公司和四川出入境检验检疫技术中心，按照中国食品成分表的相关标准对其生产的构树鸡蛋中的脂肪酸、胆固醇和微量元素进行检测等，而且也都是以送检样本检测数据说事，未经大样本检验，因而很难得到消费者的广泛认同。至于各类终端产品质量的等级划分，更有待于国家行业主管部门协同国家权威检测机构通力合作，抓紧进行。

四、企业带动不力

缺乏龙头企业带动，是目前我国杂交构树产业面临的又一个突出问题。究其原因，主要是缺乏构建完整的杂交构树产业链和实施大规模生产经营的资金支持。其中又分三种情况：一是早期只为"挣扶贫钱"而参与杂交构树产业开发的企业，随着扶贫攻坚告一段落，缺乏继续投资的热情；二是当下仍在坚持杂交构树产业生产经营的企业，尽管在不同区域和不同程度上获得一定的成功，但一时还不具备在短时间内构建完整、高效、可资大范围推广的杂交构树产业链和大规模扩大再生产的实力，难以产生可以带动较大区域乃至全国杂交构树产业大发展的龙头企业；三是现有非杂交构树饲料喂养的专业养殖龙头企业，由于对杂交构树产业缺乏应有的科学认知，加之相关利益链的制约，至今仍缺乏以大额度资金投入杂交构树产业发展的决心和信心。

五、市场准入欠缺

自"构树扶贫工程"实施以来，杂交构树除了作为饲料原料新来源外，还在不同地区和不同企业开发出形式多样、种类繁多的食品、保健品和药品，一些地方还将杂交构树用于荒漠化防治、盐碱地改造和废弃矿山修复等生态环境治理。但是，到目前为止，杂交构树除了被农业农村部正式列入"饲料原料目录"外，其他方面的应用均因缺乏相关标准和专家论证而未获得相关部门的认可。其中，食品、保健品和药品没有获得市场准入必备的相关资质——由国家相关部门颁发的"新资源食品目录""药食同源植物目录"，难以办理食品、保健品、药品等生产经营许可证。在知识产权品种保护方面，杂交构树也没有被正式列入国家相关部门的"新品种审定目录"。

目前，上述问题已经成为杂交构树产业进一步发展的严重制约因素。

第三节　几点对策建议

一、提高产业定位

综上所述，杂交构树生态农牧业是建立在我国科学家独立研发、具有完全自主知识产权的全球首个高蛋白、多功能杂交构树新品种这一重大前沿生物科技突破的基础上，顺应国家乡村振兴、食品安全等重大战略需求，代表未来我国种养循环生态无抗养殖发展新方向的新兴产业。尽管目前尚处在成长初期，但未来发展潜力巨大，对于树立和践行大农业观、大食物观，推动全国畜禽水产养殖行业全面绿色低碳转型，不断满足人民对高品质美好生活的需求具有重大带动和引领作用。为此，建议党中央、国务院站在全面实施国家相关重大战略、加快形成新质生产力的高度，把杂交构树生态养殖产业确定为国家战略性新兴产业，并将其作为贯彻落实共建"一带一路"倡议的重要内容和有力抓手。

二、加强社会认知

建议通过国家报刊、电台、电视台、通讯社等中央主流媒体以及相关网站、融媒体、公众号等，加大杂交构树生态养殖产业、产品、科技、人物、故事等方面的宣传报道。开设杂交构树生态养殖产业专网、专刊、专栏等，定期或不定期发布、发表杂交构树生态养殖产业相关信息。通过创办杂交构树生态养殖产业职业院校及开展培训班、实训班、现场观摩、讲座、会议等形式普及相关科技知识，传输技能技术。通过对相关项目、团队、单位、集体、人物、成果的选比评优、表彰奖励等活动，增强杂交构树生态养殖产业的社会影响力，提高知名度和美誉度。

三、保障土地利用

一是建议自然资源部按照国务院办公厅2020年31号文件《关于促进畜牧业高质量发展的意见》在"健全饲草料供应体系"一节中提出的"开发利用杂交构树、饲料桑等新饲草资源"的要求,明确将木本饲草料种植土地纳入饲料用地优先范围。同时积极倡导、推动在条件适宜的各类边际土地种植杂交构树,出台相应鼓励政策。

二是建议农业和农村部在制订实施全国畜禽水产养殖产业发展规划时,把杂交构树生态农牧业作为产业发展的新方向、新路径,放在更加突出的位置,把饲用杂交构树种植作为"扎实推进粮改饲,建设高产稳产饲草料基地"的重要组成部分。同时,充分发挥杂交构树年亩产净蛋白总量大大高于大豆、苜蓿年亩产净蛋白总量的独特优势,大力开展用饲用杂交构树推进"玉米、豆粕减量替代行动",使其发挥更大的作用,缓解"人畜争粮"矛盾。

三是建议国家林业和草原局抓紧出台与2019年2月14日国家林业和草原局印发的《关于促进林草产业高质量发展的指导意见》相衔接的关于发展杂交构树、饲料桑等木本饲料的配套政策。同时,按照国务院办公厅2020年31号文件提出的"开发利用杂交构树、饲料桑等新饲草资源"的要求,明确将杂交构树种植纳入木本饲料和经济林范畴,将杂交构树种养循环产业作为继木本粮油、林下经济后林业产业发展的新方向、新途径,加大林地支持力度,依法依规办理林地使用手续,享受与木本粮油同等的政策;把在条件适宜的荒漠化、石漠化、沙漠化、红漠化和盐渍化土地种植杂交构树列入生态治理和国土绿化行动的优选树种目录,并从政策、资金等方面给予倾斜。

四是建议国家相关部门站在共建"一带一路"倡议的高度,立足统筹利用好国内国际两个市场、两种资源,把杂交构树生态养殖产业列入"一带一路"合作项目,确定合作对象,派出技术专家,引导、鼓励、支持有实力的企业通过土地租赁、投资合作等方式,在条件适宜的"一带一路"沿线国家和地区建立杂交构树种植、饲料生产、畜禽水产养殖和产品加工销售基地,稳步推进杂交构树生态农牧业对外合作。

四、强化技术标准

科技创新是发展新质生产力的前提。当前最重要、最紧迫的，是建议农业农村部、国家食品药品管理局、国家市场监督管理总局、国家标准委等协同全国相关科技院所、大专院校及国家权威检测机构等相关单位和部门秉持"客观、科学"与"可持续、可操作"兼顾的原则，抓紧研究制定、发布与我国当前和今后一个时期杂交构树生态养殖产业大发展紧密相关的各类饲料和终端产品的团体标准和国家标准。同时，加大项目支持力度，开展杂交构树新品种选育、饲料化应用技术、智能化专用农机及装备设施等新品种、新技术、新工艺的研究开发。

五、做好企业带动

实践表明，唯有鼓励支持那些对杂交构树良好的生物特性和功能优势具有深刻的科学认知、对杂交构树产业发展前景充满信心，又有强烈家国情怀和一定经济实力的企业成为真正意义的龙头企业，才能打造融杂交构树培育、种植、饲料加工、养殖、终端产品销售为一体的大规模、高效益、集约经营的杂交构树生态养殖产业集群，进而成为引领一定区域乃至全国杂交构树生态产业大发展的重要引擎。

为此，建议财政部协同国家税务、金融管理部门出台扶持和鼓励杂交构树生态产业大发展的财政、税收和金融政策及相关扶持措施，并在必要时设立杂交构树生态养殖产业发展基金，从银行、信贷、证券、保险等方面推出系列金融产品。

同时，建议农业农村部和财政部等相关部门每年在优选、安排"农业科技产业园""农业特色优势产业园""建设农业产业强镇"等各类重大项目时，尽力把杂交构树产业项目纳入遴选范围，并在基本条件具备的前提下，给予适当倾斜。

六、制定市场准入

作为相关申报工作的前提,首先是要在相关部门的指导下,尽快把杂交构树产业发展的行业组织——杂交构树产业联盟或杂交构树产业协会成立起来。一旦条件成熟,即可以该组织的名义建议相关部门及时组织开展杂交构树生态养殖系列产品的科学认定评定,并在此基础上向相关机构提出市场准入资质的申请。

为此,建议农业农村部、国家卫生健康委、国家市场监督管理总局等相关部门及时组织指导成立中立、公正、权威的认定机构,对杂交构树的苗木、饲料、产品等进行客观公正的评定,公布认定、评定结果,增强杂交构树生态养殖和生态治理产业及其产品和品种的公信力。当前,首先要对符合条件的杂交构树系列食品(包括新资源食品、药食同源食品等)和参与生态环境治理相关树种及时组织技术认证和专家评审,争取尽快公布食品目录和品种目录,发放相关食品和产品市场准入的必要资质和生产经营许可证。

附　录

2023年杂交构树产业发展大事记

一、相关政策

1. 国家发展改革委会同有关部门修订形成了《产业结构调整指导目录（2023年本，征求意见稿）》（杂交构树等优质蛋白型饲料收获机械），2023年7月14日。

2. 华亭市人民政府办公室《关于印发〈华亭市"十四五"科技创新规划〉的通知》（杂交构树等优质饲草料种植加工基地），华政办发〔2023〕33号，2023年5月18日。

二、重要研究项目

1. 项目来源：科技部国家重点研发计划；项目名称：杂交构树产业关键技术集成研究与应用示范；项目负责人：沈世华；项目牵头单位：中国科学院植物研究所；执行期：2021年6月—2023年12月。

2. 项目来源：亚洲开发银行；项目名称：黄河流域杂交构树生态农牧业环境可持续发展战略研究；执行单位是国家乡村振兴局，实施单位是中国扶贫发展中心，具体由咨询机构北京能环科技发展中心组织咨询专家实施；执行期：2022年1月—2023年11月。

三、重要成果

1. 沈世华、罗朝立主编：《构树扶贫工程——我国生态农牧业发展的新探索》。中国文联出版社，2023年4月1日。

2. 沈世华主编、黎祖交副主编：《中国杂交构树产业发展蓝皮书（2022）》。研究出版社，2023年6月1日。

四、主要证书

1. 有机转换认证证书，证书编号：361OP2300154；认证委托人及生产企业：重庆东水蓝农业开发有限公司，地址：重庆市云阳县云阳镇三坪村一组；有机产品认证的类别：生产（杂交构树生产）；发证机构：北京中农绿安有机农业科技有限公司；证书有效期：2023年12月6日至2024年12月5日。

2. 有机产品认证证书，证书编号：361OP2300155；认证委托人及生产企业：重庆东水蓝农业开发有限公司；地址：重庆市云阳县云阳镇三坪村一组；有机产品认证的类别：生产（杂交构树生猪养殖）；发证机构：北京中农绿安有机农业科技有限公司；证书有效期：2023年12月6日至2024年12月5日。

3. 有机产品认证证书，证书编号：361OP2300156；认证委托人：重庆东水蓝农业开发有限公司，地址：重庆市云阳县云阳镇三坪村一组；加工企业：重庆市万州蓝希络食品有限公司，地址：重庆市万州区五桥红星东路421号；有机产品认证的类别：加工（杂交构树有机猪肉）；发证机构：北京中农绿安有机农业科技有限公司；证书有效期：2023年12月6日至2024年12月5日。

五、重要活动

1. 重庆东水蓝农业开发有限公司。惠买直播，"优质黑猪肉专场"。主持人：静静。2023年4月27日，北京。

2. 印遇龙。杂交构树种养循环模式是破解我国畜牧业瓶颈难题的新途径。首届中国乡村特色优势产业发展科技帮扶论坛。2023年6月10—12日，北京。

3. 沈世华。杂交构树分子设计育种研究进展。首届中国乡村特色优势产业发展杂交构树产业发展论坛。2023年6月10—12日，北京。

4. 沈世华。科技创新破解"卡脖子"难题——以高蛋白质杂交构树研发与产业化为例。首届中国乡村特色优势产业发展科技帮扶论坛。2023年6月10—12日，北京。

5. 黎祖交。从"大食物观"的视角看杂交构树生态养殖的意义。首届中国乡村特色优势产业发展科技帮扶论坛。2023年6月10—12日，北京。

6. 孔东海。发展杂交构树特色产业　助力乡村振兴。首届中国乡村特色优势产业发展科技帮扶论坛。2023年6月10—12日，北京。

7. 郑文新、张志军、宋林。新疆杂交构树产业情况与前景分析。首届中国乡村特色优势产业发展科技帮扶论坛。2023年6月10—12日，北京。

8. 杨喜林。杂交构树深加工与综合开发利用初探。首届中国乡村特色优势产业发展科技帮扶论坛。2023年6月10—12日，北京。

9. 王芬芬、沈世华。金叶杂交构树叶色形成机制研究。第八届中国植物蛋白质研究大会暨首届贵阳生命科学新高地顶尖科学家论坛。2023年7月28—31日，贵阳。

10. 倪奎奎。一种新型饲料——杂交构树（A new type of forage-Paper mulberry）。第十九届国际青贮饲料大会。2023年8月8—12日，北京。

11. 沈世华。杂交构树"构-饲-畜"生态农牧业。中关村"火花"活动暨中国科学院植物研究所"乡村振兴"科技成果推介会。2023年12月13日，北京。

六、社会影响

1. 蹚出"牛路子"　甘肃华亭红牛产业"畜"势而上。央广网，2023年6月23日。

2.《小小"构树"构建致富"大产业"》（重庆荣昌）。中国教育网络电视台，2023年6月29日。

3. 四川安岳：探索乡村振兴新路径。人民日报客户端四川频道，2023年7月11日。

4. 华亭：培育"牛链条" 走出"牛路子"。中国甘肃网，2023年8月26日。

5. 构树种植支起生猪生态养殖产业链（重庆城口）。城乡统筹发展网，2023年12月11日。

参考文献

[1] 杜淑清, 秦巧梅, 马超, 等. 杂交构树发酵饲料饲喂土猪的应用研究[J]. 猪业科学, 2023, 40（12）：44-46.

[2] 付锦涛, 倪奎奎, 杨富裕. 添加不同比例稻草对构树青贮品质的影响[J]. 草学, 2019（4）：28-33.

[3] 宫斌, 檀论, 侯坤, 等. 杂交构树青贮对奶公牛生长性能、营养物质表观消化率和瘤胃发酵参数的影响[J]. 动物营养学报, 2023, 35（6）：3771-3779.

[4] 黄江丽, 王景升, 毛春瑕, 等. 杂交构树青贮对湖羊瘤胃体外发酵的影响[J]. 饲料研究, 2023, 46（4）：16-20.

[5] 侯海锋, 李茜, 郑长山. 饲料中添加构树叶对1~9周龄蛋鸡新城疫和H5N1亚型（Re-4株和Re-5株）禽流感抗体的影响[J]. 黑龙江畜牧兽医, 2012（15）：67-69.

[6] 李艳芝. 构树叶对蛋鸡生产性能、蛋品质、血液生化指标及免疫功能的影响[D]. 保定：河北农业大学, 2011（硕士论文）.

[7] 李建国, 王强, 韩梅, 等. 杂交构树养鹅生态高效模式研究[J]. 中国畜牧兽医, 2019, 46（10）：3221-3225.

[8] 李伟, 陈雪, 王子健, 等. 杂交构树叶粉对鳙鱼生长性能、免疫功能及相关基因表达的影响[J]. 南方水产科学, 2020, 16（2）：41-49.

[9] 刘玉, 林萌萌, 张琰丽, 等. 发酵杂交构树饲料对青脚麻鸡生长性能、屠宰性能及肌肉氨基酸含量的影响[J]. 畜牧与兽医, 2023, 55（9）：37-41.

[10] 蒋兵兵, 闫灵敏, 陈谭星, 等. 发酵杂交构树叶对海兰褐蛋鸡生产性能、蛋品质、血清生化指标和肠道组织形态的影响[J]. 饲料研究, 2023, 46（16）：43-48.

[11] 纪鑫, 张美琴, 曹文明, 等. 杂交构树叶粉对草鱼生长性能、体组成和肌肉品质的影响[J]. 大连海洋大学学报, 2019, 34（2）: 172-179.

[12] 屠焰, 刁其玉, 田莉, 等. 杂交构树营养成分瘤胃降解特点的研究[J]. 中国畜牧杂志, 2009, 45（11）: 38-41.

[13] 魏攀鹏, 闫灵敏, 屈伟, 等. 杂交构树叶对大午金凤蛋鸡产蛋初期蛋品质的物理性状和营养成分指标的影响[J]. 畜牧与兽医, 2023, 55（12）: 27-36.

[14] 吴璇, 张正帆, 郭春华, 等. 杂交构树、玉米秸秆青贮和燕麦青干草不同配比的体外消化特性及组合效应[J]. 中国饲料, 2020（1）: 29-35+40.

[15] 许兰娇, 王福春, 王家迎, 等. 乳酸粪肠球菌处理油菜秸秆与皇竹草青贮混合料对锦江黄牛生产性能及养分消化率影响[J]. 江西饲料, 2016（6）: 1-3+13.

[16] 闫灵敏, 高正龙, 蒋兵兵, 等. 发酵杂交构树对海兰褐蛋鸡生产性能、蛋品质和小肠组织形态的影响[J]. 饲料研究, 2023, 46（3）: 42-46.

[17] 杨光, 李永兴, 王晓东, 等. 杂交构树养鹅技术模式初探[J]. 河南畜牧兽医, 2020, 41（4）: 4-7.

[18] 杨开智, 吴永贵, 王晓睿, 等. 不同类型植物凋落物参与下炼锌废渣对斑马鱼抗氧化酶和神经毒性的影响[J]. 环境科学学报, 2021, 41（6）: 2457-2465.

[19] 张建军, 崔义, 王伟, 等. 杂交构树叶粉对肉鹅生长性能和肉品质的影响[J]. 中国家禽, 2021, 43（14）: 41-45.

[20] 张宏利, 马君军, 梁瑜, 等. 全株发酵杂交构树替代豆粕对育肥猪生长性能、肉品质及养分表观消化率的影响[J]. 饲料研究, 2023, 46（14）: 20-23.

[21] 郑洁. 构树在尼罗罗非鱼幼鱼饲料中的基础研究[D]. 广州: 华南农业大学, 2018.

[22] 郑玉龙, 李东霞, 杨富裕, 等. 木本饲料与燕麦混合青贮发酵品质的研究[J]. 草学, 2018（S1）: 1-2+13.

[23] 周贵, 田雄, 敖长友. 饲用杂交构树的栽培利用技术[J]. 农技服务, 2016, 33（7）: 147-148.

[24] 朱琳, 董朝霞, 张建国. 添加菠萝皮对构树叶青贮发酵品质及蛋白组分的影

响[J]. 广东农业科学, 2014, 41（5）: 74-78.

[25] Deng J, Wattanachant S, Jaturasitha S, et al. Effects of dietary mulberry leaf powder on growth performance, carcass yield and meat quality of goose[J]. Animal Science Journal, 2018, 89(7): 1040-1046.

[26] Li H, Chen Q, Zhao J, et al. Mulberry leaf flavonoids improve growth performance and intestinal microbiota of meat geese[J]. Animals, 2019, 9(11): 990.

[27] Mareta R, Ekasari J, Putri D, et al. Replacement of fish meal with mulberry (Morus alba) leaf meal in diets of Nile tilapia (Oreochromis niloticus): Effects on growth performance and oxidative status[J]. Aquaculture Reports, 2021, 19: 100600.

[28] Niu K M, Wang Y F, Liang X X, et al. Impact of fermented Broussonetia papyrifera on laying performance, egg quality, lipid metabolism, and follicular development of laying hens[J]. Poultry Science,2023,102(5):102569.

[29] Pickens C A, Buentello A, Gatlin III D M. Dietary supplementation with mulberry leaf extract alters nutrient digestion and metabolism, growth performance and body composition of juvenile red drum Sciaenops ocellatus[J]. Aquaculture Nutrition, 2018, 24(4): 1342-1352.

[30] Tang T, Bai J, Ao Z, et al. Effects of dietary paper mulberry (Broussonetia papyrifera) on growth performance and muscle quality of grass carp (Ctenopharyngodon idella)[J]. Animals (Basel), 2021, 11(6):1655.

[31] Tang T, Tong F, Zhao S, et al. Effects of fermented Broussonetia papyrifera on growth, intestinal antioxidant, inflammation and microbiota of grass carp (Ctenopharyngodon idella)[J]. Aquaculture Report, 2021, 20: 100673.

[32] Zhu Y P, Tao Z Y, Chen X C, et al. Effects of Broussonetia papyrifera-

fermented feed on production performance, egg quality, and caecal microbiota of laying hens during the late laying period[J]. Italian Journal of Animal Science,2022,21(1):659−672.

后　记

在中国乡村发展志愿服务促进会统一部署和关心与指导下，2023年6月我们成功推出首部《中国杂交构树产业发展蓝皮书（2022）》。为持续做好蓝皮书的编写工作，2023年10月，中国乡村发展志愿服务促进会成立《中国杂交构树产业发展蓝皮书（2023）》编写组。编写组由沈世华研究员牵头，成员共34人，其中来自科研院所、高校、农林部委专家17人，企业人员17人，涵盖杂交构树育种、繁苗、种植、饲料、养殖、农机、销售等领域，涉及一二三产业。编写组成员经过实地调研、问卷调查、电话问询、文献查阅、数据分析等环节，并召开3次专题研讨会，编写了《中国杂交构树产业发展蓝皮书（2023）》。

本书结构框架由沈世华研究员、黎祖交教授、熊伟董事长审定，全书内容由沈世华研究员统稿完成，各章撰写人员如下：

绪　论

　　　　沈世华（中国科学院植物研究所研究员）

第一章　杂交构树产业发展基本情况

　　　　刁其玉（中国农业科学研究院饲料研究所研究员）

　　　　冉　贤（中科天华生物科技有限公司董事长）

　　　　李晓琼（中国科学院理化技术研究所博士后）

　　　　沈世华（中国科学院植物研究所研究员）

　　　　张振涛（中国科学院理化技术研究所研究员）

　　　　倪奎奎（中国农业大学草业科学与技术学院副教授）

　　　　屠　焰（中国农业科学研究院饲料研究所研究员）

　　　　董世平（中国农业机械化科学研究院研究员）

第二章　杂交构树产业发展外部环境

　　　　刁其玉（中国农业科学研究院饲料研究所研究员）

　　　　王芬芬（中国科学院植物研究所博士后）

　　　　陈乃芝（中国科学院植物研究所副研究员）

　　　　李晓琼（中国科学院理化技术研究所博士后）

　　　　沈世华（中国科学院植物研究所研究员）

　　　　吴燕民（中国农业科学研究院生物技术研究所研究员）

　　　　张海军（中国农业科学研究院饲料研究所研究员）

　　　　张振涛（中国科学院理化技术研究所研究员）

　　　　罗朝立（农业农村部中国乡村振兴发展中心副主任）

　　　　倪奎奎（中国农业大学草业科学与技术学院副教授）

　　　　屠　焰（中国农业科学研究院饲料研究所研究员）

　　　　董世平（中国农业机械化科学研究院研究员）

　第三章　杂交构树产业发展重点区域

　　　　王品胜（河南省科学院杂交构树产业工程技术研究中心主任）

　　　　王景升（中国科学院地理科学与资源研究所副研究员）

　　　　沈世华（中国科学院植物研究所研究员）

　　　　熊先勤（贵州省农业科学院草业研究所研究员）

　第四章　杂交构树产业发展重点企业

　　　　王乃夫［中科创构（北京）科技有限公司］

　　　　王晓东（河南盛华春生物科技有限公司）

　　　　冉　贤（中科天华生物科技有限公司董事长）

　　　　陈　艳（重庆东水蓝农业开发有限公司董事长）

　　　　宋仕涛［中乡同构（北京）农业科技发展有限公司］

　　　　杨湘云（云南程盈森林资源开发控股集团有限公司董事长）

　　　　熊　伟［中植构树（菏泽）生态农牧有限公司董事长］

　第五章　杂交构树产业发展的代表性产品

　　　　万　来（湖北小构叶生物科技有限公司董事长）

　　　　王　军［禾佳（洛阳）农业科技有限公司］

　　　　王晓东（河南盛华春生物科技有限公司）

　　　　王敬利（安徽宝楮生态农业科技有限公司董事长）

　　　　刘　冬（陕西康构草业科技有限公司）

　　　　邢　政（河南中科康构科技有限公司）

　　　　陈　忠［荣城构羊现代农业（重庆）有限公司总经理］

　　　　陈　艳（重庆东水蓝农业开发有限公司董事长）

　　　　杜宇敏（河北魏县林盛农业科技发展有限公司董事长）

　　　　李茂泉（蒲县态源生态科技有限公司董事长）

　　　　吴圣堂（温州市鲸头蔬菜种植专业合作社）

　　　　熊　伟［中植构树（菏泽）生态农牧有限公司董事长］

　　　　樊开德（四川朗布克农业科技发展有限公司董事长）

　　第六章　杂交构树产业发展效益评价

　　　　沈世华（中国科学院植物研究所研究员）

　　第七章　杂交构树产业发展趋势与对策

　　　　黎祖交（原国家林业和草原局经济发展研究中心主任、教授）

　　附　录　2023年杂交构树产业发展大事记

　　　　沈世华（中国科学院植物研究所研究员）

　　在此，我们向蓝皮书统筹规划、章节写作和参与评审的专家们表示感谢！本书由丛书编委会顾问闵庆文主任审核。正是由于大家的辛勤努力和付出，保证了本书的顺利出版。此外，中国出版集团研究出版社也对本书给予了高度重视和热情支持，其工作人员在时间紧、任务重、要求高的情况下，为本书的出版付出了大量的精力和心血，在此一并表示衷心的谢意！感谢所有被本书引用和参考的文献作者，是你们的研究成果为本书提供了参考和借鉴。由于编写时间短，本书仍存在一些不足和有待改进与完善的地方，真诚欢迎专家学者和广大读者批评指正。

本书编写组

2024年5月